Gustav Rasch

Die dunkeln Häuser Berlins

Gustav Rasch
Die dunkeln Häuser Berlins
ISBN/EAN: 9783743449138
Hergestellt in Europa, USA, Kanada, Australien, Japan
Cover: Foto ©ninafisch / pixelio.de

Manufactured and distributed by brebook publishing software (www.brebook.com)

Gustav Rasch

Die dunkeln Häuser Berlins

Die dunkeln Häuser

Berlin's.

Von

Gustav Rasch.
Dr. b. R.

Berlin.
Verlag von A. Vogel & Comp.
1861.

Die dunkeln Häuser Berlins.

Von

Gustav Rasch.
Dr. b. R.

Berlin.
Verlag von A. Vogel & Comp.
1861.

Dem

Königlichen Brandbirector und Ritter hoher Orden,

Herrn Louis Scabell

Die folgenden Blätter enthalten Schilderungen Berliner socialen Elends. Wem, verehrter Herr, könnte ich sie würdiger widmen, wie Ihnen, der mit so rastlosem Eifer und einem so seltenen Organisations- und Administrationstalent während einer noch kurzen amtlichen Wirksamkeit in Berlin so Bedeutendes und Großes geschaffen hat, dessen letzter Zielpunkt immer die Beseitigung dieses socialen Elends war? In manchen, in meinem Buche ausgesprochenen Ansichten werden Sie nicht mit mir übereinstimmen; gewiß aber in den, allen socialen Bestrebungen zu Grunde liegenden Principien der Humanität und des Rechtes jedes Menschen, welches er mit seiner Geburt auf die Welt bringt, und welches ihm niemals verkümmert werden darf — des Rechts freier individueller körperlicher und geistiger Entwicklung, —; es ist die weltbewegende Idee in der Entwicklungsgeschichte der Menschheit im neunzehnten Jahrhundert.

Gustav Rasch.

Inhalts-Verzeichniß.

Erstes Kapitel. Ein Siechenhaus menschlichen Elends . . 1
Zweites Kapitel. Das Haus der Büßerinnen 37
Drittes Kapitel. Das Idiotenhaus 54
Viertes Kapitel. Aus dem Familienhause 71
Fünftes Kapitel. Das Schuldgefängniß in der Köpnickerstraße 92
Sechstes Kapitel. Ein Fest der Creme des Berliner Proletariats 115
Siebentes Kapitel. Ein Haus in der Vorstadt 130
Achtes Kapitel. Ein Haus in der Friedrichsstadt 152
Neuntes Kapitel. Das Berliner Zellengefängniß 164

Erstes Kapitel.

Ein Siechenhaus menschlichen Elends.

Die Ecke der Alexanderstraße und des Alexanderplatzes in Berlin bilden mehrere große Gebäude von einem grauen und düsteren Anstrich, bei denen man, wenn man sie von Außen ansieht, nicht weiß, was man daraus machen soll. Sie sehen halb aus, wie eine Caserne, halb wie ein Magazin, und dann auch wieder, wie ein Gefängniß. Ihre Ausdehnung und ihr Umfang ist von dieser Seite aus nicht zu beurtheilen, da sie einen weit größeren Raum einnehmen, als es von hier aus scheint, und mit den hinteren Höfen und Seitenflügeln an das Wasser stoßen. Die Einwohnerzahl dieser Gebäude kommt zuweilen der manches kleinen Landstädtchens gleich, da sie oft bis auf tausend Seelen — um hier einmal ausnahmsweise diesen Ausdruck zu gebrauchen, da er hier am Platze ist — und darüber steigt. Die Häuser gehören der Commune, werden von Seiten des Magistrats verwaltet, und führen in der Akten- und Geschäftssprache den gemeinschaftlichen Namen des „Arbeitshauses," obschon dies der uneigentlichste Ausdruck ist, den man dafür hätte finden können. Der oft sehr fade und triviale berliner Witz nennt diese Häuser „den Ochsenkopf," warum? weiß ich nicht; jedenfalls ist der berliner Witz in der Benennung dieses Häusercomplexes recht übel angebracht und gar nicht am Platze, denn auf die Armuth und auf das Elend soll sich der Witz nicht erstrecken. Die Gebäude sind, um einen recht eigentlichen und bezeichnenden Ausdruck dafür zu finden, ein Siechenhaus des menschlichen Elends, das große Siechenhaus für die reiche und prächtige Stadt Berlin, in dem Alles, was dort siech und elend ist, sei es siech am Leibe, siech am Geiste oder siech an der Ehre oder an Glücksgütern, auf einander geworfen wird — um es aus dem Wege zu räumen, und weil es doch nicht auf der Straße bleiben und nicht auf der Straße sterben kann.

Wenn man einige Stunden Vormittags vor dem düstern Eingangsthor dieses großen menschlichen Siechenhauses in der Alexanderstraße zubringt, kann man über das Elend einer großen Stadt recht interessante Studien machen. Nirgends in Berlin kann man besseren Stoff finden, um das Schlußkapitel zu einer „Geschichte einer Proletarierfamilie" zu schreiben, nicht einmal in den Stuben des Familienhauses vor dem Hamburger Thore, denn, was man da sieht, oder, was dort passirt, ist nur der Inhalt des Kapitels, welches dem Schlußkapitel in der Geschichte einer Proletarierfamilie vorhergeht, nicht das, womit diese Geschichte selbst ein Ende hat. Als Commentar zu diesem Schlußkapitel kann man sich aus den Bureaux des Siechenhauses menschlichen Elends einen Band aus der Geschichte irgend eines Einwohners dieses Hauses nehmen, und man hat sodann in diesem Bande den Inhalt und den Stoff zu all den andern Kapiteln, welche den beiden genannten vorhergehen, und welche das Leben des Armen von Anfang bis zu Ende in einer ganz detaillirten Weise beschreiben, und besonders alle die verschiedenen Phasen dieses Lebens enthalten, insofern es

in den düstern Räumen des großen Siechenhauses am
Alexanderplatze seinen Verlauf genommen hat. In der
büreaukratischen Geschäftssprache nennt man einen solchen
Band ein Aktenstück. Das, was darin verzeichnet ist, ist,
wenn man nur die Buchstaben liest, höchst trocken und
langweilig; wenn man aber zwischen den Zeilen liest und
nur etwas Combination und Phantasie hat, so findet
man darin alle Noth und allen Jammer eines ganzen
Proletarierlebens aufgezeichnet. An einem schönen Früh=
lingsvormittage, wo die Bäume anfangen, sich mit dem
ersten, frischen Grün zu schmücken, wo die ersten Schwal=
ben in unser kaltes und nebliges Land zurückkehren und
die ersten Lerchen in die blaue Luft schmetternd in die
Höhe steigen, an einem solchen Tage ging ich mehrere
Stunden vor dem düsteren Eingangsthor in der Alexan=
derstraße auf und ab. Während dieser Paar Stunden
zogen eine Menge neuer Einwohner in das Siechen=
haus menschlichen Elends ein; heraus sah ich Niemanden
kommen. Der grüne, frische Frühling ist gerade kein
Freund der armen Leute, er ist noch zu jung im Jahres=
leben und zu übermüthig, und geht deshalb achselzuckend
an ihnen vorüber. Zuerst hielt ein großer, gelb ange=
strichener Wagen, der aussah, wie ein Omnibus, vor
dem Thore. Hinten im Wagen öffnete sich eine Klappe,
und aus der Klappe stieg ein Constabler, ein Papier in
der Hand, den Wagentritt herab. Er hatte eine acten=
und geschäftsmäßige Miene, sah auf sein Papier, worauf
eine Reihe von Namen verzeichnet waren, und contro=
lirte nun den Inhalt des Wagens, dessen Insassen —
es mochten ungefähr zwölf sein — nacheinander mit
größerer oder geringerer Geschwindigkeit den Tritt hin=
abkletterten. Der Wagen kam aus der Stadtvoigtei am
Molkenmarkt, und lud hier alles das ab, was heute in

den Polizeigefängnissen nichts mehr zu thun hatte, oder was in der letzten Nacht dort eingebracht war. Zuerst sprang ein hübsches, junges Mädchen aus dem Wagen auf die Straße. Sie war gekleidet, als wenn sie von einem Balle oder aus einer Gesellschaft kam, sie trug ein seidenes Kleid, einen ganz modernen Strohhut und ein Sommermäntelchen nach der neuesten Façon, Armbänder, eine kleine goldene Uhr und Glacéhandschuhe. Trotzdem sah man ihr ganz deutlich an, auch wenn sie nicht aus diesem großen, gelben Wagen gekommen wäre, daß sie keineswegs in die sogenannte gute Gesellschaft gehörte, sondern daß sie die Nacht auf einem jener Bälle zugebracht haben mußte, wo, wie einer meiner Freunde mit einem sehr passenden Worte zu sagen pflegt, die „dunkeln Existenzen" verkehren. Jetzt wendete sie mir das Gesicht zu. Sie war noch sehr jung, und konnte kaum neunzehn Jahre sein, sie hatte schöne, braune Augen, braunes Haar und auf ihren frischen Wangen war der erste Rosenschimmer der Jugend noch nicht von der rauhen Hand des Lasters verwischt. Sie sah mich lachend an; es kam mir vor, als wenn ich sie schon irgendwo gesehen hätte, ich konnte mich nur durchaus nicht erinnern, wo? und wann? „Sie wissen wohl nicht mehr, wo wir uns gesehen haben?" sagte sie zu mir, als sie an mir vorüberging, „ich kenne Sie recht gut. Was machen Sie denn hier? Sie suchen wohl Stoff zu einem Zeitungsartikel, Feuilleton, oder wie Sie es nennen? Nun, kennen Sie mich?"

„Nein, ich weiß in der That nicht, wo ich Sie gesehen habe."

„Das glaube ich, es war in anderer Gesellschaft, als hier in dem gelben Wagen, in weit besserer."

Ich dachte einen Moment nach, suchte und suchte,

und fand den Ort nicht. "Nun," sagte ich endlich, "wo war es denn?"

"Wissen Sie noch," flüsterte das Mädchen, "als Ihr Freund, der Kaufmann A., sich verheirathete. Wir waren zusammen auf der Hochzeit. Es sind schon beinahe fünf Jahre her. Ich war damals noch ein kleines Mädchen, so ein Backfisch von vierzehn Jahren. Sie haben mich wohl kaum angesehen?"

"O ja," erwiderte ich, "leider erkenne ich Sie jetzt. Leben Ihre Aeltern denn nicht mehr? Sie waren anständige Leute. Wie kommen Sie denn hierher, Elise?"

"Nun, machen Sie nur kein so ernstes Gesicht. Wie es so geht. Meine Aeltern leben und glauben, ich bin in einem Ladengeschäft. Besuchen Sie mich, die kleine Elise, wenn ich wieder hier herauskomme. Ich wohne in der Wilhelmsstraße Nr. **. Dann werde ich Ihnen die ganze Geschichte erzählen."

Das Mädchen lachte, wendete den Kopf noch einmal herum, bevor sie in dem Eingangsthore verschwand, und lachte nochmals. Ich war ganz erstarrt über diese Begegnung, und sah wieder auf den gelben Wagen. Derselbe hatte während der Zeit seinen ganzen Inhalt ausgeladen. Was stand da Alles neben dem Constabler zusammen, der seinen Zettel ablas? Noch zwei liederliche Frauenzimmer, mehr wie noch einmal so alt, wie die kleine, hübsche Elise. Die Liederlichkeit und das Laster hatten sich auf ihren Gesichtern bereits vollkommen ausgeprägt, sie erschienen weit älter, wie sie waren. Ihr Blick war frech und gemein, ihre ganze Haltung unverschämt, ihre Toilette derangirt; so mußte Elise aussehen, wenn sie nochmals neunzehn Jahre geworden war, und das Leben, was sie erst seit Kurzem begonnen hatte, fortsetzte.

Neben den Mädchen standen zwei Leute, welche so ärmlich sie auch aussahen, gerade nicht das Aussehen von Vagabunden und Spitzbuben hatten. Sie waren schon alt, hatten kummervolle Gesichter, graue Haare und ihr Anzug war äußerst ärmlich und fadenscheinig; aber dennoch sah man ihnen an, daß sie einst in besseren Verhältnissen gewesen waren und das Laster oder der Diebstahl sie nicht in den gelben Wagen gebracht hatte. Es waren Bettler, sagte mir der Constabler, alte Handwerker, welche, weil sie nicht im Stande waren, während ihres mühevollen Lebens sich einige Ersparnisse für die Tage des Alters zurückzulegen, und weil ihr Handwerk nicht mehr ging, betteln mußten. Arbeiten konnten sie nicht mehr, verhungern wollten sie auch nicht, nun, so bettelten sie. Man darf aber in Preußen nicht betteln, denn das ist unmoralisch und den reichen Leuten lästig, wenn sie so auf der Straße um Almosen angesprochen werden. Betteln darf man nur in Italien, wo die Menschen gefühlvollere Herzen haben, als in dem kalten Norden. In Berlin giebt es ja eine Armendirection, und die sorgt ja für die armen Leute. Wenn man in Preußen bettelt, und kein Privilegium hat, wie zum Beispiel die Leierkastenmänner, so begeht man das, was das Strafgesetzbuch eine „Uebertretung" nennt, und diese Uebertretung kann mit Gefängniß bis zu sechs Wochen bestraft werden. Was eigentlich betteln ist, das hat der Richter zu beurtheilen. Als der Paragraph, welcher das Betteln zu einer Uebertretung stempelt und mit Strafe bedroht, in der zweiten Kammer berathen wurde, war ein Mitglied der Berathungscommission denn doch der Meinung, daß das Betteln auch nur dann zu bestrafen sei, wenn es ohne dringende Noth geschehe, und die Commission sprach sich auch dahin aus, daß nicht jede vereinzelte Bitte um Almosen für Betteln angesehen werden könne; indeß das war nur so eine Commissionsmeinung; der Paragraph, welcher das Betteln mit Strafe bedroht, wurde darum doch ganz strict und präcis gefaßt, er läßt wenig Raum zu einer solchen milden Interpretation übrig, und bestraft das Betteln mit Gefängnißhaft bis zu sechs Wochen. Wird aber gar Jemand mehrmals wegen Bettelns bestraft, und bettelt er dann wieder, so begeht er nicht mehr eine bloße Uebertretung, sondern er macht sich bereits eines Vergehens schuldig, und kann dann bis zu drei Monaten eingesperrt werden. Er kommt dann in Berlin in das Arbeitshaus, und es ergeht ihm, wie den alten beiden Handwerkern, welche hinter den beiden liederlichen Mädchen aus dem großen, gelben Wagen stiegen und mit ihnen zugleich in das düstere Haus eintraten. Hinter ihnen stiegen ein halbes Dutzend verkommene Gestalten aus, Männer und Weiber, von unordentlichem Aussehen, meistens in Lumpen gekleidet. Ein liederliches und umhertreibendes Leben lag ganz deutlich auf ihren verkommenen Zügen und in ihren verfallenen Gestalten ausgeprägt. Sie sollten die Räume des Arbeitshauses für einige Zeit beziehen, um von ihrem unordentlichen Leben gebessert und an Thätigkeit gewöhnt zu werden, oder eigentlich, weil die Polizeibehörde nirgends anders mit ihnen hin wußte. Sie hatten die Strafe der sogenannten Landstreicherei verwirkt, der man sich durch geschäfts- und arbeitsloses Umherziehen schuldig macht, sie waren dem Trunke und dem Müßiggang ergeben, waren deshalb schon zu einer Gefängnißhaft von mehreren Monaten verurtheilt worden und hatten diese Strafe auch bereits verbüßt. Der Polizeibehörde steht aber das Recht zu, diese Leute noch für Jahr und Tag in das Arbeitshaus zu bringen, und dorthin gingen sie nun auf unbestimmte Zeit, bis man sie wieder hinausließ — um bald von Neuem demselben Asyl zu verfallen. Jetzt war der Wagen leer. Er fuhr wieder nach der Stadtvoigtei und der Constabler ging ebenfalls in das Arbeitshaus, um die weitern Formalitäten seiner Ablieferung zu besorgen.

Kaum war der Wagen um die Straßenecke verschwunden, so kam von der andern Seite ein kleiner Trupp Menschen quer über die Straße gerade auf das Arbeitshaus zu. Es schienen mehrere Familien zu sein, denn die Gesellschaft bestand aus mehreren Männern, mehreren Frauen und über einem Dutzend Kindern in allen Altersklassen, Knaben und Mädchen. Sie sahen durchaus nicht wie Vagabunden aus, sondern hatten sämmtlich, obschon sie durchweg ärmlich gekleidet waren, ein ordentliches Aussehen. Was waren das für Leute? Es waren Obdachlose, welche im Arbeitshause ein Quartier für einige Tage oder für einige Wochen suchten, je nachdem es ihnen gelingen wollte, wiederum eine Wohnung zu finden. In Berlin werden nur noch für reiche vornehme Leute Häuser gebaut, Häuser, in denen die Quartiere zweihundert bis zwölfhundert Thaler kosten, in denen Geheimeräthe, Excellenzen, Generale, reiche Kaufleute und Rentiers wohnen. Handwerker, welche ein Geschäft betreiben, welches ein Geräusch verursacht, oder welche drei, vier oder gar sechs Kinder haben, finden in diesen großen Häusern keine Wohnung. So kommt es häufig, daß sie, selbst wenn sie bereit sind, Miethe zu bezahlen, dennoch kein Quartier finden, und, weil sie nicht soviel Geld besitzen, um in ein Hôtel unter den Linden zu ziehen, auf der Straße auf dem Pflaster campiren müßten, wenn nicht das Arbeitshaus ihnen gastlich sein düsteres Thor öffnete. Oder, sie sind in

der That nicht im Stande gewesen, pünktlich zum ersten
des Quartals den schuldigen Miethszins zu bezahlen.
Das Geschäft ist nicht gegangen, und es wurde ja nur
aus der Hand in den Mund gelebt. Da hat der Haus=
eigenthümer, welchem überhaupt an dem Bleiben der
Leute nichts gelegen ist, da sie soviel Kinder haben, und
das Klopfen und Hämmern so viel Unruhe im Hause
macht, ihre wenigen Mobilien für die schuldige Miethe
zurück behalten, und die ganze Familie auf die Straße
gesetzt. Er hat das nicht selbst gethan, o, nein, die
Sache ist ganz ordnungsmäßig zugegangen. Er hat auf
Grund des Paragraphen seines Contractes, welcher ihm
das gestattet, gegen sie beim berliner Stadtgericht einen
Exmissionsproceß angestrengt; es ist der Klage gemäß
gegen die Leute erkannt worden, und der Executor hat,
nachdem das Erkenntniß rechtskräftig war, nichts mehr,
als seine Pflicht gethan. Die ganze Familie befindet
sich aber ohne Sachen und ohne Kleidungsstücke auf dem
Straßenpflaster, und da kann sie doch unmöglich bleiben;
der Revierpolizei=Beamte hat sie deshalb nach dem großen
Hause am Alexanderplatz geschickt, um dort für einige
Zeit ein Quartier zu finden. So hat, nachdem die
Thüre des Hauses sich hinter ihnen geschlossen hatte,
das große, unsichtbare Band, was alle Kinder der Ar=
muth seit ihrer Geburt gemeinschaftlich umschlang, das
Band, was der fleißige und thätige Handwerker durch
14= bis 16stündige tägliche Arbeit für eine Zeitlang zer=
rissen hatte, sie nun alle wieder hier im Siechenhaus des
menschlichen Elends vereinigt, die Vagabunden, die Um=
hertreiber, die liederlichen Frauenzimmer, die ordentlichen
und thätigen Handwerker mit ihren Frauen und ihren
Kindern und die hübsche und wohlerzogene Tochter des
Bürgers; welche, weil sie Hang zur Putzsucht und

zu einem fröhlichen Leben, zum Champagnertrinken und zum Austernessen hat, bereits in ihrem neunzehnten Jahre den Weg betritt, welchen sie nun allgemach durch alle Stufen und Stadien des Elendes und der Schande bis zu dem einsamen Grabe auf dem Armenkirchhof führen wird, wo die Einwohner des Hauses in einem platten, kleinen Sarge, ohne daß ihnen irgend Jemand das Geleit giebt, begraben werden, wenn sie das Unglück haben, hier zu sterben. Und das Unglück — oder das Glück, wenn man will, haben hier monatlich von den Tausend Bewohnern wenigstens 10 bis 15.

Ich sah mich nach rechts und links um, ob nicht neue Aspiranten auf eine temporäre Wohnung die Straße hinabkommen würden, ich erblickte Niemanden, es schlug bereits zwölf Uhr auf dem Kirchthurme in der Klosterstraße, welcher ein so hübsches Glockenspiel hat, und ich wollte mir doch auch die inneren Räume des Arbeitshauses noch vor dem Mittagessen ansehen, ich drehte mich deshalb um, und ging auf die Thüre zu, um die Klingel zu ziehen, da sah ich einen jungen Mann in Begleitung eines Constablers die Alexanderstraße heraufkommen. Der junge Mann war modern gekleidet, er trug Glacéhandschuhe und einen Hut, den er, nach seiner Façon, bei Henri gekauft haben mußte, er sah also gar nicht aus, wie ein zukünftiger Insasse des Arbeitshauses. Und dennoch, wohin sollte er anders gehn wollen, denn neben ihm ging ein Constabler mit einem Aktenstücke unter dem Arme, und beide kamen unzweifelhaft vom Molkenmarkt aus der Stadtvoigtei. Ich blieb stehen, um seine Ankunft zu erwarten, und als er näher kam, erkannte ich in ihm einen meiner Bekannten — einen Schriftsteller, der sich seit Jahr und Tag als Zeitungscorrespondent in Berlin aufhielt. Jetzt war mir Alles klar. Er schrieb Correspondenzen für auswärtige Zeitungen, welche der Regierung höchst mißliebig waren. Nach den Paragraphen des Strafgesetzbuches war dagegen natürlich nichts zu machen, die Polizeibehörde hatte ihn deshalb ausgewiesen. Er hatte mir dies schon vor einiger Zeit erzählt, als wir uns in einer Conditorei unter den Linden trafen, sagte mir aber damals, daß er gegen die Ausweisung bei dem Ministerium remonstriren wollte. Die Remonstration mußte ihm wohl nicht gelungen sein.

„Guten Morgen," rief er mir mit ganz heiterm Gesicht entgegen, „wollen Sie mich vielleicht in das Arbeitshaus begleiten?"

„Wollen Sie dorthin?" fragte ich.

„Wollen? O nein, durchaus nicht. Aber ich muß. Ich will Ihnen nur gestehen, ich habe einen recht dummen Streich gemacht. Ich erzählte Ihnen doch vor einiger Zeit, daß ich ausgewiesen sei, gegen die Ausweisung aber remonstriren wolle? Sie machten mich damals ausdrücklich darauf aufmerksam, und warnten mich, unter keiner Bedingung ein Protocoll bei der Polizeibehörde zu unterschreiben, weil in diesem Protocoll mir eine Arbeitshausstrafe angedroht würde, wenn ich dem Ausweisungsbefehl keine Folge leistete. Leichtsinnigerweise habe ich es dennoch gethan, weil ich mit Hülfe mehrerer bedeutender Connexionen, die ich hier habe, hoffte, den Ausweisungsbefehl redressiren zu können. Ich bin mit meiner Remonstration beim Minister durchgefallen, weigerte mich aber dennoch, abzureisen, und nun" —

„Spazieren Sie ganz auf dem Wege und nach dem Buchstaben des Gesetzes in das Arbeitshaus, Bester. Reisen Sie doch sofort ab. Es ist nichts mehr zu machen."

„Nein, ich will es mir doch einmal vier und zwan=
zig Stunden da drinnen ansehen, und nochmals an den
Minister des Innern schreiben, daß ich im Arbeitshause
sitze. Abreisen kann ich jede Minute."

„Das ist ein eigenes Plaisir, um das ich Sie nicht
beneide. Kann ich etwas für Sie thun, mich vielleicht
nochmals für Sie verwenden?"

Er lachte laut auf. Dann sah er mich mit ver=
wunderten Augen an. „Geld steht in jedem Moment so
viel zur Disposition, wie ich haben will," sagte er. „Geld
brauche ich nicht. Aber, wahrhaftig, Sie sind mehr wie
naiv. Sie wollen Sich für mich verwenden?"

Er lachte wieder von Neuem.

„Warum lachen Sie denn so?" fragte ich.

„Nun, hören Sie: Während meiner Remonstrationen
habe ich mich an viele Personen gewandt, und um ihre
Verwendung gebeten. Graf Schwerin, der ehemalige
Präsident der zweiten Kammer, Herr v. Patow, Herr
Geheimrath Mathis und noch an viele andere Personen.
Sie hätten mir alle gern geholfen, aber jeder sagte mir
sehr verständigerweise, daß er eine mißliebige Person sei,
und daß seine Verwendung mir nur schädlich werden
könne und müsse. Ich sah dies natürlich ein. Und nun
wollen Sie sich für mich verwenden, Sie, der Sie
längst zehnmal ausgewiesen wären, wenn Sie nicht das
Glück hätten, einen Bürgerbrief zu besitzen, und sagen
könnten, wie Shylock im Kaufmann von Venedig: Ich
stehe auf meinen Schein? Nein, das ist ja lächerlich!"

Jetzt lachten wir Beide zusammen, so lange, so fröh=
lich, wie gewiß seit vielen Jahren vor der Thür des
großen Siechenhauses in Berlin nicht gelacht worden ist.
Endlich erinnerte der polizeiliche Begleiter meines aus=
gewiesenen Freundes, daß es nun wohl an der Zeit sein

möchte, das Gespräch abzubrechen und, wenn der Herr
denn durchaus darauf bestände, nicht nach einem Bahn=
hof fahren zu wollen, seine Wohnung im Arbeitshause
zu beziehen. Wir erkannten diesen Wunsch für richtig
und für uns maßgebend an, und der mißliebige Corres=
pondent für auswärtige Zeitungen trat mit seinem polizei=
lichen Begleiter hinter sich in das große Eingangsthor.

Dies war der Verlauf einer Stunde vor dem Ar=
beitshause. Ich sah mich wieder nach rechts und links
um, aber die Straße blieb leer. Es kam augenblicklich
Niemand mehr. Ich zog die Klingel, der Ton der Glocke
klang unheimlich, traurig, wie eine Gefängnißglocke, ein
Schlüssel drehte sich von Innen im Schloß, und die
Thüre öffnete sich schwerfällig und langsam.

Der Flur war eng und niedrig, und auf denselben
öffneten sich die Thüren zu einer Wachtstube und zu den
Büreauzimmern. Einige Dutzend Gewehre standen vor
der Wachtstube an ihren Ständern, Soldaten gingen ab
und zu, der ganze Flur bot ein gefängnißartiges Ensemble,
dessen Eindruck nichts weniger als einladend und erfreu=
lich war. — Dann trat der wachthabende Unteroffizier
an mich heran, und fragte mich nach Paß und Legitima=
tion für den Eintritt in das Haus, da ich nicht, wie
meine Vorgänger aus dem großen, gelben Wagen, in
polizeilicher Begleitung kam. Ich zeigte ihm einen Er=
laubnißschein, und nun führte er mich in die Büreau=
zimmer, und übergab mich einem ebenfalls uniformirten
Cicerone, einem Aufseher des Hauses, welcher mit mir
die Reise durch die Höfe, über die Gänge und durch
die Säle antreten sollte. Alle neue Insassen des Arbeits=
hauses, welche ich so eben vor der Thüre gesehen und
gesprochen hatte, waren gerade mit ihrer Aufnahme be=
schäftigt, oder vielmehr die Beamten waren mit ihnen

beschäftigt, das erste, zehnte oder zwanzigste Blatt in ihrer
Lebensgeschichte, so oft diese Lebensgeschichte hier in die=
sem Hause verlaufen war, zu beschreiben. Elise war
erst bei ihrem ersten Besuche. Der Schreiber nahm einen
noch ganz frischen Actenfascikel, und notirte auf dem
ersten Blatte desselben ihren Geburts= und Familien=
namen, ihr Alter, ihr Signalement, die Ursachen ihrer
polizeilichen Haftnahme und den Tag ihres Eintritts in
das Arbeitshaus. Die anderen Frauenzimmer mußten
schon häufig hier gewesen sein, denn dicke, bestaubte
Actenstücke wurden von einem Einwohner des Hauses,
der in seiner grauen Jacke und seiner grauen Hose die
Stelle eines Actenhefters oder Büreaudieners zu versehen
schien, mit Hülfe einer Leiter aus einem der oberen Fächer
herunter gelangt, und in ihnen ein neues Blatt zu den
vielen anderen hinzugefügt. Auch die neuen Notizen über
die Vagabunden, welche in dem gelben Wagen saßen,
wurden in recht dicke und bestaubte Actenstücke eingetragen;
die beiden armen, alten Handwerker, welche, wie mir der
Constabler erzählt hatte, wegen Bettelns das Arbeitshaus
bezogen, waren wirklich auch zum ersten Male hier. Ein
neues Actenfascikel wurde für sie begonnen. Ich mußte
die beiden alten Leute mit einem Blicke des tiefsten Mit=
leides ansehen. Es ist so traurig, weil man arm und
unglücklich ist, sein Leben in diesen düstern und traurigen
Räumen beschließen zu müssen; denn, wenn sie vorher
ihren Lebensunterhalt nicht hatten verdienen können, so
konnten sie es wahrhaftig gar nicht mehr, nachdem sie
zur Strafe für ein Vergehen eine Zeitlang hier zuge=
bracht hatten. Für sie war das Arbeitshaus kein Cor=
rectionshaus, für sie war es das größte Unglück, was
sie in ihrem Leben betroffen hatte. Sie mochten dies
auch selbst fühlen, denn sie sahen noch weit trauriger und

unglücklicher aus, als unten vor der Thüre, als sie mit
den Vagabunden und den Mädchen aus dem Wagen
stiegen. Die Mädchen waren frech und gleichgültig, nur
auf Elisens jungem und hübschem Gesichte schien sich ein
Rest von Schamgefühl zu zeigen. Ober war es der Ver=
druß, daß ihr hier ihre schönen, seidenen Kleider aus=
gezogen wurden, daß sie ihre Armbänder und ihre Uhr
hier lassen mußte, und daß sie statt dessen einen häß=
lichen grauen Wollrock, eine graue Jacke und grobe,
wollene Strümpfe und Klapp=Pantoffeln erhielt, welche
sie noch niemals in ihrem Leben getragen hatte? Selbst
unter den beiden obdachlosen Familien sah ich kein heiteres
Gesicht, vielleicht wäre ihnen die Obdachlosigkeit auf der
Straße doch noch lieber gewesen, wie der Aufenthalt in
dieser Gesellschaft. Nur der mißliebige Zeitungscorres=
pondent sah ganz heiter und vergnügt aus. Er verlangte
ausdrücklich den Grund seiner Haftnahme mit ganz klaren
und deutlichen Worten registrirt zu wissen, und forderte
eine Abschrift des Protocolls, um seinen Aufenthalt im
Arbeitshause constatiren zu können, den er dann doch
morgen sofort abbrechen wolle, da er ihm nichts weniger
als comfortabel erscheine. Der Beamte erwiderte ihm,
daß er sofort abreisen könne, seiner Abreise stehe ganz
und gar kein Hinderniß entgegen, man wisse ohnedem
gar nicht, was man mit ihm anfangen solle. Er beharrte
indeß consequent auf seiner Aufnahme, und das erste
Blatt eines Actenfascikels — und für ihn unter allen
im Büreau befindlichen Personen einzig und allein das
letzte — wurde mit seinem Namen, seinem Signalement
und dem Grund seiner Haft beschrieben.

„Wollen wir jetzt unsere Besichtigung beginnen?"
fragte mich mein amtlicher Cicerone, und ich verließ in
seiner Begleitung, während sämmtliche Insassen des

gelben Wagens in den Wasch- und Baderaum des Hauses
geführt wurden, um gewaschen, gebadet und in die graue
Livrée eingekleidet, sodann die verschiedenen, ihnen angewiesenen Räumlichkeiten zu beziehen, die Büreauxzimmer.
Ein langer, schmaler Gang führte treppauf, treppab in
„die Arbeitssäle," sagte mein Begleiter.

Es war eine Reihe großer Stuben, welche wir betraten, mit niedriger Decke und von ziemlich gefängniß-
artigem Aussehen. „Arbeitssäle" konnte man sie nur
nennen, wenn man den Ausdruck einzig und allein auf
ihre Größe anwandte; sonst hatten sie in der That nichts
Saalartiges. Die Wände hatten einen weißen Kalkan-
strich und sahen recht unwohnlich aus, als einziger Schmuck
und Decoration diente ihnen eine große Tafel, auf der
eine gedruckte sogenannte Hausordnung aufgeklebt war.
Sie enthielt das, was jede Hausordnung in einem Gefängnisse enthält, die Anforderung an unbedingten Gehorsam, die Bezeichnung der Arbeitsstunden und eine
große Reihe von Strafen, welche mit der Androhung
von Stock- und Ruthenhieben schloß. Die Arbeitsstunden begannen Morgens um fünf Uhr und dauerten bis
Abends um acht Uhr, dazwischen lag eine halbe Stunde
zum Essen und eine halbe Stunde zum Umhergehen oder
Umherstehen, denn Spazierengehen kann man eine halbe
Stunde Aufenthalt auf einem ziemlich engen Hofe doch
nicht nennen. Ich kann nicht leugnen, die Androhung
der Prügel machte auf mich immer einen unangenehmen
und höchst widerwärtigen Eindruck, so oft ich ein Gefängniß besehe. Ich möchte wohl einmal eine Gefängnißverwaltung sehen, welche sich über die Prügelstrafe
hinwegsetzt. Man meint aber nun ein für allemal, es
geht nicht anders, ohne Prügel könnten Gefangene absolut nicht in Ordnung gehalten werden. Nach meiner

Meinung geht es ganz gut, und auch nach der Meinung vieler andern Leute, welche der Ansicht sind, daß Prügel durchaus nicht mit den Humanitätsprincipien unserer Zeit in Einklang gebracht werden können. Früher glaubten auch alle unsere Criminalisten, es könne kein Strafgesetzbuch ohne Prügel existiren, und das nun aufgehobene preußische Strafrecht kannte sogar noch einen „Willkommen und Abschied" bei Aufnahme und bei Entlassung aus dem Zuchthaus. Das neue Strafgesetzbuch hat, obschon es sich wahrhaftig nicht durch seine Milde auszeichnet, die Prügel bei Androhung der Strafen abgeschafft, ohne daß daraus irgend eine größere Gefahr für die Sittlichkeit und für die Moralität hervorgegangen ist. Wird man nicht endlich dahin kommen, auch die Prügel in den Gefängnissen abzuschaffen? Daß die Prügel als Strafe für ein Vergehen oder für ein Verbrechen entwürdigend sind, und sich in der Verwaltung eines nach constitutionellen Principien regierten Staates nicht ziemen, darüber ist man jetzt wohl in Preußen endlich so ziemlich einig geworden. Die Parthei, welche anderer Meinung ist, und dann und wann in der Landesvertretung die Prügelstrafe auftischt und sie zum Bestehen der staatlichen Ordnung als nothwendig fordert, ist seit mehreren Jahren sehr in der Minorität geblieben und erregt mit ihren Anträgen nur Entrüstung. Aber, warum geht man denn nicht ganz logisch einen Schritt weiter? Sind denn die Menschen, welche das Unglück hatten, gegen ein Strafgesetz verstoßen zu haben und zu einer Gefängnißstrafe verurtheilt worden zu sein, dadurch aus der menschlichen Gesellschaft herausgetreten, sind sie dadurch so entwürdigt worden, daß man gegen sie eine Strafe ungescheut in Anwendung bringt, welche man sonst zu verabscheuen gewohnt ist? Kein vernünftiger

Mensch wird dies behaupten wollen, denn der Satz enthielte offenbar einen Verstoß gegen die Logik, gegen die gesunde Vernunft, selbst wenn man annimmt, daß jeder Verbrecher ein entsittlichter und verworfener Mensch sei, was man doch, wenn man auf die Motive seines Verbrechens zurückgeht, vernünftigerweise ebensowenig behaupten kann. Giebt man also das Entwürdigende der Prügelstrafe bei freien Menschen zu, so muß man es auch bei Gefangenen zugeben. Die Sache hängt schließlich also allein von der Frage der practischen Nützlichkeit ab, nämlich von der Entscheidung der Frage, ob die Ordnung ohne Prügel nicht aufrecht zu erhalten ist? Kein denkender und wirklicher humaner Gefängnißvorsteher wird die Frage mit Nein! beantworten.

Durch Strafen muß natürlich die Ordnung in einem Gefängnisse aufrecht erhalten werden. Es giebt aber eine Menge anderer Strafen, welche ebenso empfindlich und unangenehm sind, wie der Stock, und gewiß weit mehr oder wenigstens ebensoviel wirken, welche aber den Menschen, dessen Seele ein Theil der Gottheit ist, nicht entwürdigen und sein Ehrgefühl und Schamgefühl nicht ruiniren, wie die Prügelstrafe. Im berliner Arbeitshause ist die Prügelstrafe aber durchaus nicht an ihrem Platze. Für die wenigsten Menschen, welche sich hier aufhalten, ist der Aufenthalt ein Zuchthaus, für die meisten soll es wenigstens eine Besserungsanstalt, ein Correctionshaus sein — oder gar eine Zufluchtsstätte. Wenn die Prügel also sogar für eigentliche Strafgefangene, welche Verbrechen gegen das sociale Gesetzbuch begangen haben, entwürdigend sind, wenn man recht gut um dieselben umhin kommen kann, wie passen sie denn für diese Unglücklichen, welche sich in dem großen Siechenhaus menschlichen Elends am Alexanderplatz aufhalten, nicht,

weil sie Verbrechen begangen haben, sondern weil man
mit ihnen nirgends hin weiß, und weil sie doch irgendwo
sein müssen. Niemand wird doch behaupten wollen, daß
die Unglücklichen, welche in die Kategorie der in den §§.
des Strafgesetzbuchs aufgeführten Personen gehören, Ver=
brecher sind. Es sind solche Personen, — um sie näher
zu bezeichnen — welche unter Vorspiegelung eines Un=
glücksfalles, einer Krankheit oder eines Gebrechens betteln,
welche ihre Kinder und Familienmitglieder zum Betteln
ausschicken, welche keine Mittel zum Unterhalt haben und
geschäfts= und arbeitslos umhergehen, welche sich kein
anderweitiges Unterkommen verschaffen können und die
dem Laster des Trunkes, des Spiels und des Müßig=
gangs sich ergeben haben. Aus diesen Personen besteht
größtentheils die Einwohnerschaft des Arbeitshauses. Es
sind also meistentheils arme und unglückliche Menschen,
die das größte Unglück betroffen hat, was Jeman=
den betreffen kann, nämlich das Unglück der Armuth.
Es giebt selten Menschen, welche betteln, um zu betteln,
oder weil sie keine Lust haben, zu arbeiten. Die meisten
Bettler betteln, weil sie nicht im Stande sind, sich ander=
weitig das tägliche Brod zu verschaffen. Es ist die Pflicht
jeder Commune, für solche arme und unglückliche Ge=
meindemitglieder ein Zufluchtshaus zu errichten; ein sol=
ches Zufluchtshaus darf aber in seinen Einrichtungen
nicht den Character eines Gefängnisses annehmen. Die=
sen Character hat das berliner Arbeitshaus aber nach
mehreren Richtungen hin, und dieser Character tritt
besonders in der durch die Hausordnung angedrohten
Strafe der Prügel hervor, welche, um es noch einmal
zu sagen, weder in ein Zufluchtshaus, noch in ein
Besserungshaus gehören. Auch der Obdachlose, der hier
auf Tage oder Wochen eine Aufnahme sucht, steht unter

2*

dieser Hausordnung, auch der von der Polizeibehörde
Ausgewiesene verfällt dieser Hausordnung, wenn er sich
dem Ausweisungsbefehl nicht fügen will. Auch der Prinz
Leo von Armenien verfiel dieser Hausordnung.

„Auf welche Weise werden denn hier die Prügel
ausgetheilt?" fragte ich meinen Begleiter.

„Nun auf dem Fuchs, der gewöhnlichen Prügel=
maschine. Sie können sie hernach sehen. Geprügelt
wird mit einem dünnen Stock und mit einem Kantschuh,
der ungefähr die Dicke eines Daumens hat. Bis zu
fünfzehn Hieben können dictirt werden."

„Wer dictirt denn die Hiebe?"

„Der Hausinspector."

„Dem Hausinspector steht darüber einzig und allein
die Befugniß zu?"

„Gewiß. Unser Hausinspector ist ein sehr ver=
nünftiger Mann."

Ich bezweifelte das gar nicht. Einen einzigen Men=
schen, mag er sein, wer er will und was er will, aber
einzig und allein zum Richter der Verstöße gegen die
Hausordnung zu machen, und diesem einzigen Menschen
die Befugniß beizulegen, wenn er es für nöthig findet,
für diese Verstöße Prügel austheilen zu lassen, das ist
denn doch eine so absolute Gewalt, daß man über ihren
Umfang erstaunen muß. Wenn der Hausinspector nun
einmal kein humaner und vernünftiger Mann ist? Wenn
er vielleicht unterleibskrank ist und ihm das Blut zu
Kopfe steigt, oder, wenn er vielleicht gar ein böser Mann
ist, oder, wenn er nun der Meinung ist, daß Alles, was
im Arbeitshause detinirt ist, Lumpengesindel ist, und daß
es diesem Lumpengesindel recht gut bekommt, wenn es
zuweilen ordentlich durchgeprügelt wird? Es giebt ja
sonst ganz vernünftige Leute, deren Gedankengang diese

Richtung nimmt, weil Umstände und Lebensweise sie gewöhnt haben, so und nicht anders zu denken. Der Graf Pfeil, ein sonst ganz vernünftig denkender Mensch, hat in seiner berüchtigten Kammerrede zur Motivirung der Wiederherstellung der ländlichen Polizeigerichtsbarkeit vor einigen Jahren ja ganz ähnliche Dinge ausgesprochen und sie auch in mehreren Fällen executirt. Glaubt man also nun einmal ohne Prügel in der Hausordnung des Arbeitshauses nicht wegkommen zu können, nun, wohlan, so lege man die Entscheidung, wenn die härteste und für einen Menschen entwürdigendste Strafe angewandt werden soll, nicht in die Hand eines einzelnen Menschen, sondern man mache sie von der Entscheidung der Administration des Hauses abhängig. Vor der jetzigen Einrichtung der Stadtvoigteigefängnisse hatte die Aufsicht über dieselben die Criminalabtheilung des Stadtgerichts. Die dortige Hausordnung kannte auch die Prügelstrafe, diese Prügelstrafe konnte bei den einzelnen Untersuchungsgefangenen aber nur in Folge eines Beschlusses des ganzen Collegiums vollstreckt werden, sonst nicht. Aber, abgesehen von dem Allen, ich muß es noch einmal wiederholen, in das berliner Arbeitshaus gehören gar keine Prügel, weil dasselbe für die große Mehrzahl der dort Detinirten kein Gefängniß, keine Strafanstalt, sondern eine Zufluchtsstätte, weil dasselbe ein Siechenhaus menschlichen Elends ist.

Wir gingen durch eine große und lange Reihe von Stuben. Rechts und links saßen die Detinirten an den Wänden und arbeiteten, in jeder Stube unter der Aufsicht eines Aufsehers. Sie waren je nach ihren Leistungen und Fähigkeiten in einzelne Kategorien abgesondert und kratzen Wolle, spannen oder flochten Strohdecken. Alle waren in der grauen Hauskleidung, in den grauen

Jacken, in grauen Hosen, in grauen wollenen Strümpfen
und Klapppantoffeln. So saßen sie von Morgens fünf
Uhr bis Abends sieben Uhr. Mittags hatten sie eine
Stunde, Morgens eine halbe Stunde, Abends eine Vier=
telstunde, welche zum Essen und zum Umhergehen auf
dem Hofe benutzt werden konnten. Das ist eine vierzehn=
stündige Arbeit. Niemand kann behaupten, daß vierzehn
Arbeitsstunden täglich zu wenig sind. Ob mit dieser
vierzehnstündigen Arbeit aber der eigentliche Zweck des
Hauses erfüllt wird, der doch nicht allein darin besteht,
die Kosten der Administration zu erschwingen, ist eine
andere Frage, welche leider mit N e i n beantwortet wer=
den muß. Dadurch, daß die hier Detinirten täglich vier=
zehn Stunden spinnen, Strohdecken flechten und Wolle
kratzen, mögen sie freilich zu den Kosten der Administration
Manches beitragen, sie werden aber dadurch nicht fähiger
werden, wenn sie das Haus verlassen, ein Unterkommen
zu finden, als sie es vorher waren. So ist der Zweck
ihres hiesigen Aufenthalts meistens ganz nutzlos und er=
folglos. Sie kommen hierher, weil sie betteln, weil sie
keine Arbeit, kein Unterkommen und keinen Lebensunter=
halt haben, und sie gehen nach Wochen, Monaten und
Jahren wieder hinaus, ohne daß ihre Fähigkeiten, sich
Lebensunterhalt zu erwerben, auch nur um eine einzige
vermehrt ist. Es wird ihnen im Gegentheil nur um so
schwerer, Arbeit und Unterhalt zu finden, weil sie den
Schimpf mit sich hinausbringen, im Arbeitshause gewesen
zu sein, und nach einiger Zeit sind sie gezwungen, den=
selben Weg zu betreten, und neuerdings hierher zu kom=
men. Bei den Wenigsten von ihnen ist wohl die Faul=
heit und die eigene Trägheit daran Schuld, sondern nur
der Umstand, daß sie bei ihrem Austritt aus dem Hause
die alte Noth, die alte Armuth und das alte Elend

empfängt, und sie aus ihrem hiesigen Aufenthalt kein Mittel mitbringen, durch dasselbe hindurchzukommen. So fand ich unter den Detinirten in den Arbeitsstuben Menschen, welche zum zwanzigsten, dreißigsten und vierzigsten Male hier waren. Es mag sein, daß es seine großen Schwierigkeiten hat, aus dem berliner Arbeitshaus das zu machen, was es eigentlich sein soll, ein Zufluchts- und Besserungshaus, aber es ist dies daraus zu machen, wenn man bei der Administration von dem Gedanken, daß die Verwaltungskosten durch den Ertrag der Arbeiten im Hause selbst gedeckt werden sollen, für's Erste einmal gänzlich abstrahirt, daß man ferner denjenigen, welcher hierher kommt, an eine ordentliche und auch die Mittel zum Lebensunterhalte erschwingende Thätigkeit gewöhnt, und wenn er keine Fähigkeiten irgend eines Arbeitserwerbes besitzt, daß man ihn dies lernen läßt, wenn er ferner das, was er durch seine Arbeit im Hause erwirbt, für sich selbst erwirbt, und er dann mit diesen Fähigkeiten, mit diesen Mitteln und mit der weiteren Protection der Administration versehen, wieder auf die Straße gestellt würde. Dann wäre der Aufenthalt in diesem Hause für ihn eine Wohlthat gewesen, dann würde er die Mittel daraus mit sich nehmen, ein ordentlicher, fleißiger und der Gesellschaft nützlicher Bürger zu werden. So aber — erwirbt er einen Theil der Kosten seines Aufenthalts, bettelt weiter, treibt sich weiter umher, und kehrt dann wieder hierher zurück, zum ersten, zehnten, dreißigsten, vierzigsten Mal, bis er hier stirbt und von hier aus begraben wird.

Eine weitere, lange Gallerie führte uns in den Saal der Obdachlosen. Es war inmitten des Vierteljahres und deshalb hier ziemlich leer. Die beiden Familien, welche mir unten in der Alexanderstraße vor der Thüre begegnet waren, hatten ihr Quartier bereits bezogen. Nur die Frauen und die Kinder waren anwesend, die Männer hatten sich bereits wieder entfernt, um im Suchen nach einem passenden Quartier weiter fortzufahren. Die wenige Habe lag in einigen Bündeln auf den Dielen und Bänken umher, die armen Weiber und Kinder sahen ärmlich genug, bleich und abgezehrt aus. Sie trugen natürlich die graue Kleidung nicht, und brauchten auch nicht zu arbeiten. Sie waren die einzigen im ganzen Hause, für welche das Haus natürlich den Character einer Zufluchtsstätte hat. Im Anfang eines jeden Quartals ist es nicht so leer hier. Dann sind hier oft hundert Personen, welche in den großen und prächtigen Häusern in der Stadt kein Obdach finden können, weil sie mit dem Kinderspektakel, mit den Lumpen und mit der Armuth kein Hauseigenthümer will, oder weil er sie exmittirt hat, da sie nicht im Stande waren, Miethszins zu bezahlen, und weil sie doch nicht auf der Straße und im Freien campiren können und sollen.

„Nun werde ich Sie zu den Damen führen," sagte mein Begleiter lachend, und es ging treppauf, treppab, dann über einen Hof in einen andern Seitenflügel des großen Gebäudecomplexes, in dem Elise und die beiden andern Weiber, welche mit ihr aus dem gelben Wagen gestiegen waren, detinirt wurden. Wir kamen über einen großen Hof, dessen eine Seite nach dem Wasser hinauslag. Der Hof diente zum Spaziergang und zur Erholung. Er war ganz baumlos und schattenlos, von Rasenplätzen und Blumenbeeten war gar keine Rede. Der Hof war ein großer, weißer Sandplatz. Wozu auch Blumen, Rasenplätze und Baumesschatten für die Unglücklichen, welche hier die Stunde zubringen, welche sie nicht in den großen Arbeitsstuben detinirt sind?

Auf ihrem ganzen Lebenswege blühen ja keine Blumen, er ist sandig und dornig, er geht durch die wüste Steppe der Armuth, durch den Schmutz des Elends, wozu also diesen Aufenthaltsort anders und besser ausstatten, als wie das ganze Leben der Armen ausgestattet ist? „Man soll auch wohl gar noch einen Garten halten, und einen Ziergarten anlegen," wird man mir etwas höhnisch erwidern. Ich kenne die Antwort recht wohl. Einige Stufen führten rechts, abwärts in einen Keller, aus dem Weiberstimmen, von thierischem Gelächter unterbrochen, herauf drangen. Es war der Waschkeller des Hauses, wo die Wäsche der im Arbeitshause Detinirten gewaschen wird — wohl die schmutzigste und widerlichste Arbeit, welche in der ganzen großen Stadt Berlin existirt. Die Mädchen, welche im Arbeitshause detinirt werden, haben vor dieser Arbeit Furcht. Jede sucht sich bei ihrer Aufseherin wenigstens insoweit zu insinuiren, daß sie hierzu nicht verwandt wird. Wir stiegen die Stufen hinunter, weil ich die Localität doch ansehen wollte. Ich kam indeß nicht weit damit. Der Dunst, der uns entgegen drang, war zu pestilenzialischer Natur, um lange in ihm auszuhalten, und die Scherze, mit denen uns die andern waschenden und auf einer Rolle arbeitenden Weiber regalirten, waren so unflätiger Art, daß ich froh war, wie ich wieder auf dem Hofe stand.

„Sie könnten nun auch gleich die Tretmühle besehen," sagte der Cicerone, „sie ist hier in der Nähe, und wir brauchen dann nicht wieder über diesen Hof zurück, und gehen dann hernach zu den Damen. Mit diesen Worten öffnete er eine Thüre, und wir betraten einen andern noch größern Hof.

Ich hatte oft von dieser Tretmühle gehört, hatte sie auch abgebildet gesehen, war aber bisher immer der

Ansicht gewesen, daß sie gar nicht existire. Das Rad einer Mahlmühle, von Menschen gedreht, war mir in unserer Zeit, wo man den Dampf überall als bewegende Kraft verwendet, wo an die Stelle beschwerlicher Handarbeit die Maschine getreten ist, denn doch eine etwas fabelhafte Erscheinung. Ich theilte meinem Begleiter meine Idee mit, er lachte mich aus und führte mich zu einem einzelnen kleinen Hause nach dem Hofe, welches aussah, wie ein großes Brunnenhaus. Vor uns her gingen zwölf starke, große Männer. „Sehen Sie die Männer?" sagte der Cicerone, „das sind die Männer, welche in der Tretmühle arbeiten." Sie betraten vor uns das Haus, und wie wir eintraten, waren sie bereits in voller Thätigkeit. Was sah ich? Ein schweres und großes Rad war in seinem ganzen äußern Umfange mit einer Holzbedachung umgeben, und diese Holzbedachung war mit einer Reihe übereinanderliegender Stufen versehen. Zwei kleine Treppen führten von beiden Seiten bis auf die Höhe des Rades. Auf einer der übereinanderliegenden Stufen standen die zwölf Männer, und stiegen in gleichmäßiger Bewegung, wie nach dem Takte, auf die über ihnen liegende Stufe, während sie sich mit den Händen an einer Stange festhielten, welche über ihren Köpfen wegreichte, um einen Stützpunkt für den Moment zu haben, wo der eine Fuß sich über den andern erhob, um einen neuen Boden auf der folgenden Stufe zu suchen.

Es war ein fortwährendes, höchst mühsames Treppensteigen, bei jedem Tritt wechselte der Boden, indem die Stufe, worauf die zwölf Füße standen, hinabgedrückt wurde und verschwand. Daß die Tremühle nun wirklich existirte, daß sie kein Product der starken Einbildungskraft der Berliner sei, sah ich nun freilich; ich sah auch, weil das Rad sehr schwer war und einen großen Durchmesser hatte, daß die Arbeit eine sehr schwierige und mühsame war; warum diese Tretmühle aber überhaupt existire, das begriff ich denn doch nicht. Ich kam natürlich auf den Gedanken, daß die Arbeit in der Tretmühle eine Strafe für die Personen im Arbeitshause sei, welche sich absolut weigerten, zu arbeiten, und welche an durch nichts zu heilender Faulheit litten. Dann hätte die Sache einen Berechtigungsgrund, da derjenige, welcher auf dem Rade der Mahlmühle steht und nicht auf die obere Stufe treten will, durch die Bewegung des Rades unter dasselbe fällt. Dem ist aber nicht so. Die Arbeit in der Tretmühle in dem Siechenhause menschlichen Elends am Alexanderplatz ist keine Strafe, jeder, der dort detinirt wird, kann dazu kommen, wenn er groß und kräftig ist und eine feste Körperconstitution hat. Die Männer fürchten sich ebenso vor dieser Arbeit, wie die Mädchen vor der Arbeit im Waschkeller. Es werden ihnen täglich zwei Stücke Brod verabreicht, wenn sie in der Tretmühle beschäftigt sind. Was soll man dazu sagen? Ich kann nur mein Erstaunen und meine Verwunderung ausdrücken, daß in Berlin, in der Stadt der Civilisation und der Intelligenz, in einer städtischen Anstalt, welche ihrem eigentlichen Zwecke gemäß ein Zufluchtsort, eine Besserungsanstalt für Unglückliche und für Arme sein soll, eine Maschine existirt, welche in die Rumpelkammer des vorigen Jahrhunderts gehört! Und warum existirt sie? Sie ist ein Ueberbleibsel vergangener Zeit, aber wahrhaftig kein Zeichen der Zeit, und die Anwendung des Dampfes oder der thierischen Kräfte kosten Geld, die Anwendung der menschlichen Kräfte kostet hier aber kein Geld. Das ist mit klaren, dürren Worten gesprochen, der Grund ihrer Existenz.

Auf Veranlassung der Königin ist in Berlin vor

einer Reihe von Jahren eine Besserungsanstalt für liederliche Mädchen gegründet worden, deren Zweck dahin geht, diesen Mädchen einen Zufluchtsort zu gewähren, wenn sie ihre frühere Existenz aufgeben und anfangen wollen, ein gesittetes und ordentliches Leben zu führen, sich an Arbeit und Thätigkeit zu gewöhnen, und zugleich durch geistlichen Zuspruch während ihres Aufenthalts auf Hebung und Besserung ihrer moralischen Gesunkenheit zu wirken. Es sind dies die einzig richtigen Prinzipien, welche bei der Verwaltung einer solchen Anstalt maßgebend sein sollen und gewiß in vielen Fällen zu einem erfreulichen Resultate führen werden.

Würde man bei den im Arbeitshause detinirten Mädchen von denselben Grundsätzen ausgehen, so würde ihnen der zeitweilige Aufenthalt in demselben von größerem Nutzen sein. Daß die dortigen Einrichtungen in dieser Art getroffen werden können, unterliegt gar keinem Zweifel; man müßte nur gleich zum Anfang davon abstrahiren, daß die Mädchen durch tägliche Abarbeitung eines bestimmten Arbeitspensums die Kosten der Gemüsesuppen und des Brodes, was zu ihrer Ernährung gebraucht wird, verdienen müssen. Leider ist dies nicht der Fall. Das Arbeitshaus ist für die liederlichen Mädchen kein Besserungshaus, es ist für sie nur eine Strafanstalt, wohin sie von der Polizeibehörde für Wochen und Monate geschickt werden, wenn sie die Schranken ihres Gewerbes, welche die Polizeibehörde für sie gezogen hat, überschreiten, oder in irgend einer Weise einen Exceß begehen. Jedenfalls sind die Mädchen die beklagenswerthesten und unglücklichsten Geschöpfe, welche auf der Welt existiren. Sie treiben das schmachvollste und ehrloseste Gewerbe, was es giebt, ruiniren sich bei diesem Gewerbe moralisch und körperlich in wenigen Jahren

vollständig, und sind durchaus rechtlos und schutzlos.
Eine polizeiliche Verfügung ist im Stande, sie in jedem
Momente mitten aus ihrer Existenz herauszureißen und
sie ins Gefängniß zu bringen. Sie brauchen hierzu sich
gar keines Vergehens oder auch nur einer Uebertretung
schuldig gemacht zu haben; daß sie in irgend einer Weise
die Schranken ihres Privilegiums überschreiten, ist vollkommen hinreichend, ihnen ihre Kleider und Schmucksachen
zu nehmen, ihre persönliche Freiheit auf Wochen und
Monate zu suspendiren, sie an das Spinnrad zu setzen
und sie unter die Hausordnung des Arbeitshauses zu
stellen.

Ob eine solche Suspendirung der persönlichen Freiheit mit der staatsbürgerlichen Freiheit in einem constitutionellen Staate übereinstimmt, ist eine Frage, deren
Erörterung vom staatsrechtlichen Gesichtspunkte aus hier
zu weit führen möchte, welche aber wohl mit Nein zu
beantworten sein würde. Genug, der Zustand dieser
Mädchen ist ein solcher. Es kommt ihnen freilich äußerst
schwer an, so urplötzlich, statt um Mittag, Morgens um
fünf Uhr aufzustehen, statt des Champagners und Roth-
weins Wasser trinken, und statt der leckeren Mahlzeiten
in den Delicateßkellern Gemüsesuppen und trocknes Brod
essen zu müssen — sie haben deshalb auch eine große
Furcht vor dem hiesigen Aufenthalte — indeß, sie halten
es aus, bekommen nach einer Detention von Wochen
oder Monaten von ihren Kleidern und Schmucksachen
dasjenige zurück, was nicht für die Kosten ihres Aufenthalts verwandt werden mußte, und der erste Tag ihrer
Freiheit ist nur eine Fortsetzung des letzten Tages ihres
Lebens vor der Detention. Einen wirklichen Nutzen hat
ihr Aufenthalt im Arbeitshause für sie gar nicht gehabt,
ihre moralische Versunkenheit ist ganz dieselbe geblieben.

Ihr Leben ist nur durch die Erinnerung an bittere und traurige Tage bereichert worden, und sie haben nichts gelernt, als im Betriebe ihres entsetzlichen Gewerbes etwas vorsichtiger zu sein. Diese Gedanken sah ich auch überall auf den Gesichtern der Mädchen ausgeprägt, als ich mit meinem Begleiter durch die Stuben ging. Sie saßen an langen Tischen oder an den Wänden umher, haspelten Garn, spannen, strickten oder nähten Weißzeug, jede nach ihren Fähigkeiten in weiblichen Arbeiten, und sahen in der höchst unkleidsamen Tracht, in der Wolljacke und in dem Wollrocke recht sonderbar und ungeschickt genug aus. Von Schamgefühl oder Reue konnte ich auf keinem Gesicht auch nicht eine Spur entdecken, es war höchstens der Verdruß über die Arbeit und über die Gemüse= suppen, welcher sich auf den oft hübschen Gesichtern aus= prägte. Sie lachten, kicherten, steckten die Köpfe zusammen oder sahen mich in einer unverschämten Weise an, als ich durch ihre Reihen ging. Einige trugen gelbe Nummern auf den Aermeln ihrer wollenen Jacken, als Zeichen, daß sie zu den Rückfälligen gehörten und schon mehr als ein= mal hier gewesen waren. Was diese häßlichen, gelben Nummern für einen Nutzen haben sollen, ist schwer zu begreifen. Wenn sie ein Mittel sein sollen, um auf das Schamgefühl oder auf das Ehrgefühl der Mädchen zu wirken, so ist es ein vollständig nutzloses Mittel, was nur dazu dienen muß, das Gemüth der Mädchen noch tiefer herabzudrücken, zu ihrer moralischen Besserung aber nicht das Mindeste beiträgt.

Wir kamen nun, wiederum einige Gänge und Höfe passirend, zu den nach dem Wasser hinaus gelegennen Räumlichkeiten des Hauses. Sie sind das eigentliche Siechenhaus in diesem großen Siechenhause menschlicher Armuth und menschlichen Elends, denn sie werden von den Wahnsinnigen und Kranken bewohnt, welche in keinem Krankenhause mehr Platz finden.

Auf dem Wege dorthin gingen wir durch eine große Stube, in der ich ein Dutzend Kinder in dem Alter von acht bis vierzehn Jahren bemerkte. Sie sahen frisch und gesund aus, trugen auch die häßliche, graue Kleidung, und klebten unter Aufsicht eines Aufsehers Cigarrenkisten zusammen. Ich war ganz erstaunt, diese Kinder hier zu finden, und konnte mir weder den Zweck noch den Grund ihres Aufenthalts erklären. Mein Führer sagte mir, es seien verwahrloste Kinder, für deren Erziehung und Verpflegung ihre Eltern keine Sorge trügen, und welche deshalb hierher gebracht würden, um Schulunterricht und Religionsunterricht zu erhalten und bis zu ihrer Einsegnung hier bleiben; dann würden sie bei einem Handwerker in die Lehre gegeben. Unter den Kindern stand ein großer junger Mensch, der ein Alter von einigen zwanzig Jahren haben mochte. Er trug ebenfalls die graue Hauskleidung — sonst hätte ich ihn für einen Aufseher gehalten — und war ebenfalls beschäftigt, Cigarrenkisten mit Papierstreifen zu bekleben. Fragend sah ich meinen Begleiter an, und er erzählte mir folgende komische Begebenheit, was es für eine Bewandniß mit diesem großen, kräftigen jungen Manne habe. Es war die einzige komische Episode, welche ich bei meiner Durchwanderung der Räumlichkeiten des Arbeitshauses entdeckte. Der junge Mann habe als Grenadier bei dem Kaiser Franz- oder Alexander-Regiment gestanden. Da habe, bereits ein Jahr nach seiner Einstellung als Rekrut, sein Compagniechef die Entdeckung gemacht, daß der junge Mensch weder getauft noch eingesegnet sei, also gar keiner kirchlichen Confession angehöre, daß er ferner weder lesen noch schreiben könne und nie den mindesten Schulunterricht genossen habe. Er sei deshalb hierher geschickt worden, sei nun bereits sechs Monate hier, lerne lesen und schreiben, und erhalte Religionsunterricht, und werde nach wieder drei Monaten, unterrichtet und eingesegnet, zu seinem Regimente zurückkehren. Es sei dies übrigens ein Fall, welcher gerade nicht zu den Seltenheiten im Arbeitshause gehörte.

„Lasciate ogni speranza, o voi ch'entrate." „Lasset die Hoffnung draußen, wenn ihr hier eintretet." So lautet in Dante's göttlicher Comödie die Inschrift über der Pforte der Hölle. Es würde die passendste Inschrift über dem großen Eingangsthor zu den Häusern und Höfen sein, welche wir jetzt betreten. Es ist die letzte Wohnung langsam hinsterbender Menschen, für welche jeder Hoffnungsstrahl in diesem irdischen Leben erloschen ist. Große Hoffnungen haben sie nach der traurigen und beklagenswerthen Lebensstellung, welche ihnen ein hartes Schicksal seit ihrer Geburt angewiesen hat, wohl nie gehabt; aber diese Höfe und Häuser verlassen sie nur, wenn ihnen der schwarze, niedrige Sarg gezimmert wird, um in demselben ohne Geleit und ohne Trauergepränge nach den einsamen Gräbern des Armenkirchhofes geführt zu werden.

Ein im Publikum wenig bekannter Paragraph des Reglements für die berliner Krankenhäuser lautet dahin, daß in ihnen nur Kranke aufgenommen werden, welche wenigstens noch eine Aussicht auf Genesung haben. Unheilbar Kranke, mögen sie nun an körperlichem Siechthum oder an Umnachtung des Geisteslebens leiden, finden da keinen Platz; sie würden also, wenn sie keine Familie haben, in deren Schoß sie die letzten Jahre des kaum noch flackernden Lebens zubringen können, auf der Straße sterben müssen, da die Stadt Berlin bis jetzt kein Siechenhaus hat. Für sie ist das Haus am Alexanderplatz das Siechenhaus. Dort giebt man ihnen eine Stätte, wo sie athmen können, bis der Tod, der für sie mitleidiger ist, als das Leben, sie aus ihrem elenden Dasein abruft. Wenn der Arzt in der Station der neuen Charité, welche für die Aufnahme von Wahnsinnigen bestimmt ist, erklärt hat, daß der göttliche Funke des Verstandes für immer in einem Kranken erloschen und daß die Wissenschaft nicht mehr im Stande ist, denselben wieder zu erwecken; wenn die Nacht des Wahnsinns für immer mit ihren schwarzen Fittigen die Seele umrauscht, dann wird der Kranke hierher gesandt um zu sterben. Der Schwindsüchtige, der Todtkranke, der an einem unheilbaren Siechthum Leidende findet hier die letzte Ruhestätte. Die Gefangenschaft hat in diesen Räumen aufgehört. Die Kranken können sich auf den Höfen, welche die Gebäude trennen, erholen, so viel und so lange sie wollen, und können ihre Zeit nach ihrem Belieben verwenden. Die Aufseher sind nicht da, um sie einzuschließen und darauf zu sehen, daß sie ein bestimmtes Arbeitspensum arbeiten, sondern um ihnen in ihrem elenden Zustande die nöthige Hilfe zu leisten. Auch die graue wollene Kleidung ist hier verschwunden; es steht jedem frei, seine eigenen Lumpen bis zu seinem Tode auf seinem elenden Leibe umherzutragen. Das Arbeitshaus ist hier das, was es durchweg sein sollte, eine Zufluchtsstätte für Krankheit und Armuth. Wer von diesen Unglücklichen noch Verwandte, Freunde und Angehörige in der Welt hat, kann von ihnen Besuche empfangen und die Montage und Freitage außerhalb des Hauses in ihrem Kreise zubringen.

In mehreren großen Stuben wohnen die Unglücklichen neben einander. Das Siechthum hatte sich hier in allen seinen häßlichen Gestalten verkörpert, und die Athmosphäre war mit dem Dunste des Todes geschwängert. Meine Leser werden mich damit verschonen, ihnen die Bilder der Krankheit und des Elends vorzuführen, welche ich hier sah. Das Elend, die Armuth und die Krankheit hatten die alten, blassen, eingefallenen Gesichter mit einem dreifachen Stigma des Todes gezeichnet, welcher langsam zu ihnen heranschlich und grausamerweise auf sich warten ließ. Matt und erschöpft schlichen die Elenden zwischen ihren dürftigen Lagerstätten auf und ab, oder lagen keuchend und stöhnend da, die kranken Beine in Tücher eingewickelt, in Krämpfen sich krümmend, und mühsam mit der von der schrecklichen Krankheit schon halbverzehrten Lunge athmend. Manche lagen auf ihren Betten, und gaben kein Lebenszeichen von sich. Theilnahmlos starrten sie vor sich hin, die Augen waren weit geöffnet, aber sie hatten keinen bestimmten Blick und keinen Ausdruck, die gelbliche Blässe des Todes lagerte sich bereits um diese eingefallenen Schläfen, und nur das schwache Röcheln der kranken Brust verrieth, daß noch ein schwaches Leben in derselben wohne. Aus der letzten Stube führte eine Treppe zu einem großen, von Gebäuden eingeschlossenen Hofe. Es war der Vorplatz zu den Wohnungen der Unglücklichen, welche an unheilbarem Wahnsinn, an jenem trüben, stillen Wahnsinn leiden, der zwar ohne Ausbrüche von Tobsucht ist, aber die Seele bis zum Tode fest gefangen hält. Die Kranken waren meist alle auf dem Hofe und schlichen an den Wänden hin und her, oder wärmten, auf einer hölzernen Bank sitzend, ihre alten, kranken Glieder in den Strahlen der Nachmittagssonne, welcher über die Mauern den Sandplatz beschien. Sie blickten uns ganz theilnahmlos und gleichgültig an, als wenn das Auge ins Leere hinaussieht. Ein Greis mit schneeweißem Kopf, der hoch in den Siebenzig sein mochte, stand von der Bank auf, und

schlich langsam zu mir heran. Er sah mich lange mit
seinen großen, mattblauen Augen an, und seine schmalen,
blutlosen Lippen bewegten sich, wie zum Sprechen, ohne
jedoch einen bestimmten Laut hervorzubringen. Je länger
seine Augen mich anstarrten, desto mehr erhielten sie die
irren, hin= und herschweifenden Blicke, die den Wahn=
sinnigen eigen zu sein pflegen. Dann stieß er plötzlich
ein kurzes, heiseres Lachen aus, schüttelte den Kopf und
schlich langsam die Treppe hinauf in das Haus. Dann
fuhr ein Windstoß über den Hof, ergriff ein weißes
Blatt Papier und trieb es umher. Als eine der Frauen
das Blatt Papier erblickte, haschte sie darnach, und suchte
es zu fassen. Der Wind neckte sie lange, endlich hatte
sie das Papier erfaßt. Nun kam sie zu mir, und er=
zählte mir mit großer Freude, das Blatt Papier wäre
ein Brief ihres Geliebten, der sie verlassen und nach
Amerika gereist sei, sie wolle mir den Brief vorlesen.
Sie las und las nun, aber ihre Gedanken mußten bereits
wieder eine ganz andere Richtung genommen haben, denn
Alles, was sie mir vorlas, waren Worte ohne jeden
inneren Zusammenhang, bis auch die Worte in ganz
unverständliche Laute übergingen. Dann drängten sich
auch die anderen wahnwitzigen Weiber heran, und über=
häuften mich ebenfalls mit einem ganz sinnlosen und un=
verständlichen Geschwätz. Es war ihnen gar nicht zu
entgehen; das Geschwätz artete dann in ein lautes Schreien
aus, woran Alles, was auf dem Hofe war, sich nach und
nach betheiligte. Die Aufregung schien, wie eine ansteckende
Krankheit, plötzlich alle diese eben noch so ruhigen und
stillen Menschen ergriffen zu haben. Ich habe diese Er=
scheinung häufig in Irrenhäusern und noch kürzlich in
einem Irrenhause der barmherzigen Brüder bei Venedig
gefunden. Um dem Lärm und der Aufregung ein Ende

zu machen, ist es dann das Beste, sich so schnell wie möglich zu entfernen. Mein Führer wollte mir noch die Stuben der Geisteskranken zeigen. Ich hatte aber für heute Armuth, Elend und Krankheit genug gesehen, ich empfand die dringende Sehnsucht, unter heiteren, glücklichen und zufriedenen Menschen zu sein, ich hatte gar keine Lust, mir noch die Prügelmaschine zu betrachten oder die Gemüsesuppen zu kosten, wie mein Begleiter mir vorschlug, und ließ mich auf dem kürzesten Wege zu der nach dem Alexanderplatz gelegenen kleinen Ausgangspforte führen. Als der Portier die Thüre aufschloß, fragte ich ihn: „Wie viel Einwohner hat denn dies Siechenhaus des menschlichen Elends heute?"

„Heute sind es gerade Tausend," war seine Antwort.

Zweites Kapitel.

Das Haus der Büßerinnen.

Es war ein heller, heiterer Wintertag, ein Tag voll Sonnenschein, blauen Himmels und milder Luft, wie ihn der Januar Norddeutschland selten zum Geschenk macht. Ich fuhr, wie ich es häufig thue, mit einem mir befreundeten Arzte in den Straßen Berlins umher, und ließ mir von ihm Freude und Weh in der praktischen Ausübung seiner Wissenschaft erzählen.

„Haben Sie denn schon einmal," fragte er mich, indem eine Krankheitsgeschichte voll Jammer und Elend ihn unwillkürlich auf den Gegenstand führte, „von dem Magdalenenstift gehört?"

„Gehört wohl," erwiderte ich, „aber wenn ich nicht irre, ist auch dieser neue Versuch der Humanitätsprinzipien unseres Jahrhunderts eingegangen, er hat keine Erfolge gehabt. In Deutschland gibt es, außer dem hiesigen, nur noch ein solches Asyl, es heißt Bethesda und liegt bei Boppard am Rhein."

„Nein, eingegangen ist es nicht, doch weiß ich nichts Näheres darüber. Johann, nach dem Magdalenenstift!"

Der Kutscher trieb die starken, braunen Mecklenburger an, der Wagen rollte im starken Trabe durch die Straßen und bald befanden wir uns am Unterbaum, passirten dort zu Fuß die starke Eisdecke der Spree und standen am andern Ufer. Vor uns dehnte sich das freie Feld aus, rechts erhoben sich in der Ferne die Zinnen und Thürme des pennsylvanischen Gefängnisses, links, mitten auf dem Felde, sahen wir einen von Brettern und Pfählen gebildeten Zaun, der, hier und da von Buschwerk umgeben und verborgen, einen ziemlich großen Raum in Quadratform umschloß. Es blieb uns nichts anderes übrig, als unseren Weg nach dem Zaun zu nehmen, um uns dann weiter zu orientiren. Wir waren richtig am Ziel unserer Wanderung angekommen. Eine kleine Metallplatte, im Sommer ganz im Gebüsch verborgen, trug die Aufschrift: „Eingang zum Magdalenenstift;" eine Klingelschnur hing daneben. Wir standen vor dem Hause der Büßerinnen.

Ich zog die Klingel. Ein lang verhallender Ton antwortete, und bald öffnete sich die schmale, unscheinbare Holzthüre, und in derselben erschien ein junges Mädchen mit blühendem, hübschem Gesicht, in einem einfachen Kattunkleide und weißem Brusttuche, und fragte, was wir wünschten.

„Wir wünschen die Frau Oberin zu sprechen, melden Sie uns an, mein Kind," erwiderte der Geheimerath und nannte seinen Namen. „Ist die Frau Oberin zu Hause?"

„Die Frau Oberin geht niemals aus," sagte das Mädchen und ging voraus. Wir standen im Innern der Umzäunung und hatten, bis sie zurückkam, Zeit genug, uns umzusehen. Vor uns lag ein, wie es schien, wohlgepflegter Küchengarten, der sich nach allen Seiten hin bis an die Grenzen des etwa acht Fuß hohen Zaunes ausdehnte und eine Reihe theils einstöckiger, theils zwei=

stöckiger Gebäude umgab. Das Ganze machte den Eindruck eines einfachen Landhauses mit einigen Wirthschaftsgebäuden. Eine friedliche Stille lag über dem ganzen Raume ausgebreitet, durch nichts als durch das Blöken einer Kuh unterbrochen; Alles machte den Eindruck von großer Ordnung, Wirthschaftlichkeit und Sauberkeit. „Wenn der hohe Zaun nicht wäre," sagte ich zu meinem Begleiter, „glaubte ich mich in das Landhaus eines meiner Freunde versetzt, den ich einmal in der Nähe von London besuchte. Ich lernte ihn auf einer meiner italienischen Reisen in Venedig kennen."

Ich hatte kaum ausgesprochen, so trat eine große Frauengestalt aus dem Hause. Sie war noch jung, noch nicht über die Mitte der Dreißig hinaus, ihre Gesichtszüge verriethen viel Intelligenz und Gutmüthigkeit, ihre schönen braunen Augen hatten einen seelischen Ausdruck. Ich mußte sie schon einmal irgendwo gesehen haben, in anderen Verhältnissen, in anderer Umgebung, vor zehn, fünfzehn Jahren, vergebens rieth ich hin und her, ich konnte den Platz für diese Gestalt in meinen Erinnerungen nicht wieder finden. Meine Gedanken irrten umher, immer blieben sie an der Schwelle eines glänzend erleuchteten Ballsaales stehen. Aber es war nicht möglich! Die Frau war ganz in Schwarz gekleidet, ein schmaler, weißer Streif umschloß ihren Hals, ihr Kopf war mit einer weißen, kleinen, enganliegenden Haube bedeckt. „Ich bin die Oberin dieses Hauses," redete sie uns an, „die Herren wünschten mich zu sprechen?"

Der Geheimerath stellte sich und mich der Dame vor, und sprach ihr unsern Wunsch aus, das Stift und seine Bewohnerinnen zu sehen.

„Ich werde mir ein Vergnügen daraus machen, den Wunsch der Herren zu erfüllen," erwiderte die Frau,

„wollen Sie erst in meine Wohnung kommen, damit ich Ihnen einige nähere Aufschlüsse gebe!"

Wir stiegen eine Treppe hinauf. Die eine Thür des Treppenflurs führte in die Wohnung der Oberin. Es waren zwei einfache Zimmer, ein Wohnzimmer und ein Schlafzimmer. An das Schlafzimmer stieß ein zweites Schlafzimmer. Es standen drei einfach, aber sehr reinlich bezogene Betten darin. „Hier schlafen drei junge Mädchen aus diesem Hause," sagte die Oberin, „die ich ganz in meiner Nähe habe, da sie erst seit Kurzem hier verweilen und den Weg zur Besserung erst kürzlich betreten haben." Das Wohnzimmer war sehr einfach eingerichtet, ohne jeden Luxus; aber doch sah man an der Ordnung, Zierlichkeit und an einem gewissen Comfort, der sogar in dieser Einfachheit wieder zu erkennen war, daß hier eine Dame von Stande wohnte, welche ehemals in der Welt in ganz anderen Verhältnissen gelebt hatte. Ich dachte wiederholentlich an den Ballsaal, ohne sie doch darin in einer bestimmten Gestalt wieder erkennen zu können. An der Wand hing ein gekreuzigter Christus, gegenüber über dem Sopha ein Kupferstich, ein Bild der Magdalena als Büßerin, nach der das Haus seinen Namen führte. „Wollen die Herren nicht Platz nehmen?" sagte die Oberin und setzte sich mit dem Anstande einer Dame von Welt auf das Sopha. Der Geheimerath und ich ließen uns auf zwei am Tische stehende Rohr= sessel nieder. „Ich werde Ihnen nun Einiges von die= sem Hause und den hier befindlichen Mädchen erzählen," fuhr die Oberin fort.

„Das Haus ist von Ihrer Majestät der Königin gegründet worden, und steht auch noch heute unter ihrer besonderen Protection, sowie unter Protection der Frau Prinzessin von Preußen. Die meisten Mittel erhält die

Anstalt von Staatsfonds, welche der König dazu anweist. Die Beiträge, welche uns aus der Stadt zufließen, sind leider nicht von Bedeutung. Der Erwerb des Hauses für Wäsche und Handarbeiten, welche uns aus der Stadt zugeschickt und hier besorgt werden, beträgt durchschnittlich jährlich wenig über dreihundert Thaler. Für einige von den Mädchen, welche im Hause sind, werden von Freunden, Verwandten oder wohlthätigen Herzen Kostgelder bezahlt. Das Kostgeld beträgt sechzig Thaler jährlich. Jedoch übersteigt die Summe der Kostgelder auch kaum dreihundert Thaler alle Jahre. Der Ertrag der mit dem Hause verbundenen Feld- und Viehwirthschaft wird zur Ernährung der Mädchen verwandt und liefert zur Unterhaltung des Hauses bedeutende Beiträge. Unsere Einnahmen betragen an 4000 Thaler, unsere Ausgaben einige hundert Thaler weniger. Die Zahl der hier befindlichen Mädchen beträgt durchschnittlich 33—36, und die Unterhaltungskosten für jedes Mädchen schlagen wir jährlich zu 83 Thaler an. Sie sehen, meine Herren," schloß die Oberin lächelnd ihren kurzen Finanzbericht, „unsere Einnahmen übersteigen immer noch unsere Ausgaben, und der Fonds, den wir haben, hat sich von fünfhundert schon auf anderthalbtausend Thaler erhöht. Leider erlauben uns unsere nicht bedeutenden Mittel nicht, soviel Plätze einzurichten, wie wir wohl einrichten möchten. Die Zahl der unglücklichen Mädchen, welche hier Aufnahme erbitten, oder für welche Andere dieselbe suchen, ist so groß, daß mindestens drei bis vier neue Asyle eingerichtet werden müßten."

„Wie ist denn nun die Einrichtung dieses Hauses, Frau Oberin?" fragte der Geheimerath. „Sie können doch unmöglich dieser großen Einrichtung allein vorstehen?"

„Nein, das wäre nicht möglich," erwiderte die Oberin

des Magdalenenstiftes. „Ich werde in meinem Wirken von einem hier angestellten Prediger und vier Mithelferinnen unterstützt. Das Erbarmen mit einzelnen Unglücklichen, die uns nahe traten, und das Verlangen, dieselben zu retten, hat unser Magdalenenstift hervorgerufen, und auf dem Grunde dieses Erbarmens hat es sich weiter ausgebreitet. Es bietet gefallenen und sittlich verderbten Mädchen, die den Weg des Lasters verlassen wollen, eine Zuflucht. Die Mädchen werden hier fleißig zur Religion, zur Arbeit und Ordnung angehalten, so daß sie nach etwa ein bis zwei Jahren als brauchbare Dienstboten entlassen werden können. Wie ich Ihnen schon mittheilte, ist ein Prediger an der Stiftung angestellt, der außer dem sonntäglichen Gottesdienste im Betsaal des Hauses alle Tage Morgen- und Abendandacht hält. Ich selbst leite die ganze Oekonomie, die Beschäftigung und Erziehung der Mädchen und die Krankenpflege. Die Fürsorge für die Gesundheit hat ein hiesiger Arzt freiwillig übernommen. Die Mädchen werden durch die sechs Mithelferinnen, von denen Eine die Wirthschaft und eine Andere die Küche besorgt, fortwährend beaufsichtigt und zur Arbeit angewiesen. Die Arbeiten bestehen in Nähen, Waschen, Stricken, in Haus-, Garten- und Feldarbeiten. Um die Mädchen auch durch schwerere Arbeiten zu kräftigen, ist nämlich außer dem geräumigen Garten noch ein Stück Landes in der Nähe des Hauses gemiethet, welches unter Anleitung des Gärtners der Anstalt von ihnen bearbeitet wird. Dadurch wird zugleich der Bedarf an Gemüse und Kartoffeln, sowie die Erhaltung des kleinen Viehstandes der Anstalt bedeutend billiger erlangt. Da die meisten Mädchen bei ihrem Eintritt körperlich, wie geistig verkommen sind und nichts ordentlich verstehen, ist der baare Ertrag der Arbeiten verhältnißmäßig ziemlich unbedeutend. Das Meiste wird noch durch Nähen erworben, worin Manche eine ziemliche Geschicklichkeit erlangen. Für geistige Förderung und Unterhaltung ist eine kleine Bibliothek guter christlicher Volksschriften vorhanden, woraus die Aufseherinnen bisweilen bei der Arbeit vorlesen und womit sich die Mädchen an Sonntagen und Festtagen, an welchen sie sich auch im Schreiben üben, beschäftigen. Auch wird der Gesang fleißig getrieben und in zwei Stunden wöchentlich darin besonderer Unterricht ertheilt. Im Sommer wird um fünf Uhr, im Winter um sechs Uhr aufgestanden, alsdann wird ein Spruch aus der heiligen Schrift vorgelesen und die aufgegebenen Schriftstellen oder Liederverse gelernt; darnach werden häusliche Arbeiten besorgt, und im Sommer um sechs, im Winter um sieben Uhr gefrühstückt; eine Viertelstunde nachher versammeln sich Alle zur gemeinsamen Morgenandacht. Nach der Andacht beginnt der Unterricht, und nach diesem die Arbeit, die bis zwölf Uhr dauert. Alsdann findet das Mittagessen statt, worauf um ein Uhr wiederum die Arbeit beginnt, die um vier Uhr durch den Kaffee eine Viertelstunde unterbrochen wird, dann bis zum Abendessen um acht Uhr fortdauert und nach diesem noch bis neun Uhr fortgesetzt wird, worauf um halb zehn Uhr mit einer Abendandacht geschlossen wird. Nicht wahr, Herr Geheimerath, nun haben Sie auch ein Bild von unserer Hausordnung?"

„Ich habe neulich von einer anderen Hausordnung gehört, Frau Oberin, auch in einem Zufluchts- und Besserungshause — es ist in Berlin am Alexanderplatz; aller Schmutz der Menschenseelen und der Armuth wird dort aufeinander geworfen, wie ein großer Kehrichthaufen, um für einige Zeit von der Straße zu verschwinden und dann in anderer Weise wieder zu erscheinen. Diese

Anstalt könnte sich Ihre Hausordnung als Muster nehmen."

„Alle, die in der Anstalt aufgenommen werden," fuhr die Oberin fort, „müssen sich derselben Ordnung unterwerfen und die vorgeschriebene einfache Kleidung tragen. Auf Reinlichkeit, Ordnung und Pünktlichkeit wird sorgfältig gehalten, und jeder Ungehorsam, sowie jede Lüge ernstlich gerügt und unter Umständen angemessen bestraft. Als das einzige rechte Mittel, von Sünden frei zu werden, sehen wir aber immer die wahre Herzensbekehrung an, und obwohl eine strenge Zucht für solche Personen, die nie an Zucht und Ordnung gewöhnt wurden, durchaus nothwendig ist, suchen wir doch bei aller Strenge überall die Liebe hervortreten zu lassen und uns vor gesetzlichem Methodismus zu hüten."

„Sie haben von strengen Strafen gesprochen, Frau Oberin," unterbrach ich ihre Rede, „worin bestehen denn diese? Wenden Sie hier auch Schläge an, wie in allen Zuchthäusern und Besserungsanstalten? Gehen Sie auch von der Idee aus, daß das Menschenherz ohne Stockschläge keiner Besserung fähig ist?"

„O nein," gab die Frau mit lächelnder Miene zur Antwort; „hier waltet Liebe in ihrer Barmherzigkeit, und nicht der Stock. Geschlagen wird hier nie. Wir haben oben im Hause eine Bodenstube — Sie sollen sie sehen, mancher Proletarier wohnt mit Frau und Kindern sein Lebelang in einer solchen Stube, — das ist unser Gefängniß, und die Gefängnißstrafe besteht darin, daß ein Mädchen, bei der alle Ermahnung und alle Liebe nichts hilft, dort oben einige Tage allein wohnt und allein schläft. Ich selbst bringe ihr dann Morgens, Mittags und Abends das Essen und nehme sie dann zu mir in das kleine Zimmer neben meinem Schlafzimmer, das Sie eben gesehen haben."

„Wann werden denn die Mädchen entlassen, und bleiben Sie mit ihnen auch nach ihrer Entlassung in einer Verbindung, um sie weiter zu beaufsichtigen und auf sie zu wirken?"

„Allerdings. Die Mädchen werden gewöhnlich nach zwei Jahren entlassen. Sie müssen nicht denken, daß sie gezwungen sind, zwei Jahre hier zu bleiben. O, nein, gehen kann Jede, wann sie will. Sie kommen freiwillig und gehen freiwillig. Das Haus der Büßerinnen ist keine Gefangenenanstalt. Auch beweisen fast Alle, die als gebessert entlassen sind, noch fortwährend Anhänglichkeit und Liebe zur Anstalt. Wir verschaffen ihnen dann durch unsere Verbindungen einen Dienst, bei Bekannten in der Stadt, aber am liebsten auf dem Lande, bei Predigern und Gutsbesitzern. Sie werden aber nur in solche Häuser gegeben, wo wir sie sorgfältig beobachtet und unter dem Einflusse einer strengen Moralität wissen. Sie erhalten ihre Kleidung und ihre ganze Ausstattung für den Dienst von der Anstalt, und da ihr Lohn an dieselbe ausgezahlt und ihnen bewahrt wird, verdienen sie auch ihre Ausrüstung bald ab, und haben nach Ablauf der Zeit noch etwas erspart. Wir haben ein Mädchen hier im Stift gehabt, die sich hernach in ihrem Dienst über zweihundert Thaler erspart hat. Jetzt ist sie gut und glücklich verheirathet. Auch sind sie verpflichtet, wenn sie in unserer Nähe bleiben, wenigstens alle vierzehn Tage zum Gottesdienst in die Anstalt zu kommen. Zur Abendmahlsfeier kommen sie aus der Ferne halbjährlich. Wenn sie aber während der ersten Jahre erkranken, oder sich etwas zu Schulden kommen lassen, werden sie vorläufig wieder in die Anstalt zurückgenommen. Hier, lesen Sie die Bedingungen für die Herrschaften, welche Mädchen aus dem Magdalenenstift in Dienst nehmen."

Mit diesen Worten überreichte die Frau Oberin mir ein gedrucktes Blatt, und ich las:

„Die Herrschaften verpflichten sich, die Mädchen vor sittlichen Gefahren möglichst zu behüten. Zu dem Ende ist den Mädchen alle Theilnahme an öffentlichen Vergnügungen und jeder andere Verkehr, als der mit der Anstalt selbst oder ein von derselben erlaubter, zu untersagen.

„Die Herrschaften zahlen den Lohn und etwaige Geldgeschenke der Mädchen vierteljährlich an die Anstalt. Die Mädchen dürfen durchaus kein Geld in Händen haben, und müssen auch das als Geschenk empfangene der Herrschaft übergeben. Ebensowenig dürfen sie ohne Wissen der Herrschaft Briefe absenden oder annehmen.

„Die in Berlin und der Umgebung wohnenden Herrschaften schicken die Mädchen mindestens alle vierzehn Tage zu dem Vormittagsgottesdienst, und wenigstens zweimal im Jahre zur Beichte und zum heiligen Abendmahl, wenn irgend möglich, für einen ganzen Tag, in die Anstalt; außerdem einmal in jedem Monat Sonntags Nachmittags und Abends und zweimal im Jahre an Festtagen der Anstalt. Die entfernter wohnenden Herrschaften lassen die Mädchen möglichst oft, mindestens jeden zweiten Sonntag, zur Kirche gehen, und geben ihnen zweimal im Jahre, um das heilige Abendmahl in der Anstalt zu feiern, zwei freie Tage.

„Wegen der Kündigung und Entlassung der Mädchen haben die Herrschaften sich nur an die Anstalt zu wenden. Wenn die Entlassung vor Ablauf der Wiederzugsfrist nothwendig ist, müssen die Mädchen der Anstalt überliefert werden. Bei Abwesenheit der Herrschaften oder in Krankheitsfällen können dieselben der Anstalt gegen eine billige Vergütigung übergeben werden."

„Welche Resultate haben denn Ihre Bemühungen?" fragte ich und gab der Oberin des Büßerinnenhauses das Blatt zurück. „Sind sie Ihren Wünschen entsprechend?"

„Meinen Wünschen entsprechend? Nein. Aber befriedigt würde ich sein, wenn ich jährlich nur ein einziges dieser elenden und verkommenen Geschöpfe retten könnte. Nach den Erfahrungen, welche ich hier gemacht habe, würden unsere Anstrengungen bei einem Drittel der Mädchen Früchte tragen, wenn Alle zwei Jahre hier blieben. Leider ist dies nicht der Fall, und so kann ich auch als Durchschnittszahl nicht ein Drittel annehmen. Wir erhalten hier die verwahrloßtesten und elendesten Geschöpfe von der Welt, körperlich gänzlich ruinirt, moralisch auf's Tiefste gesunken. In ihrer Seele toben alle schlechten Leidenschaften. Nur eine Eigenschaft haben sie nicht, die Demuth und den Gehorsam. Eitel, neidisch, zänkisch, unbändig, roh bis zum höchsten Grade, sind sie zuerst allen Ermahnungen und Bitten abhold. Ihre Seele muß erst durch die Liebe und durch die Religion gezähmt werden, bis wir bei ihr Eingang finden. Der Standpunkt der geistigen Bildung der Mädchen ist meistens gleich Null. Wir müssen alle Keime erst pflanzen und wecken, um darauf irgend eine Besserung zu gründen. Es werden uns oft Mädchen von dreizehn bis fünfzehn Jahren gebracht, die von ihren Eltern und Vormündern schon gänzlich aufgegeben sind. Das Krankenhaus und das Gefängniß schickt uns die verworfensten Geschöpfe, welche jede Stufe der geistigen und körperlichen Schande hinabgestiegen sind, und doch tragen unsere Bemühungen gerade bei ihnen oft die besten Früchte. In der That hat mancher dieser Unglücklichen niemals Jemand sich in rechter Liebe angenommen. Viele von ihnen sind von rohen und verkommenen Eltern, häufig von Stief= und

Pflegeeltern, — manche haben wenigstens einen Vater niemals gekannt — von Kindheit an verdorben und ohne Erziehung, ohne alle Anweisung zur Arbeit und Ordnung im Elende aufgewachsen und schon früh zu der Sünde angeleitet worden. Soll es mir da nicht eine große Freude machen, wenn ich ein solches unseliges Geschöpf einem reinen und sittlichen Leben wieder zuführe, wenn ich ihre tiefgesunkene Seele aus dem Sumpf dieses Lebens errette? O, ich erlebe oft große Freude mit diesen Mädchen. Noch gestern erhielt ich einen Brief von Einer, welche jetzt schon mehrere Jahre von hier entlassen und bei einer befreundeten Gutsbesitzerfamilie im Dienst ist. Wie habe ich mich über diesen Brief gefreut! Sie war ein schönes, reizendes Geschöpf, tief gesunken, unbändig, voll schlechter Leidenschaften, und doch ist sie so brav, so vortrefflich geworden. Zu meinem großen Schmerze muß ich Ihnen freilich gestehen, daß oft alle Bitten und Bemühungen vergeblich sind. Niemand ist hier unfreiwillig. Jedes Mädchen kann gehen, sobald sie will. Die Thüre, durch welche Sie in unser stilles Haus getreten sind, steht Jeder offen. Ist sie gegen alle Vorstellungen des Predigers taub, setzt sie allen meinen Ermahnungen und Bitten Widerstand entgegen, so halten wir sie keine Stunde mehr fest. Nur die christliche Liebe soll die Mädchen mit diesem Hause verbinden, niemals der Zwang."

So sprach die Oberin des Hauses der Büßerinnen, und erhob sich. Die innere Erregung, mit der sie von den Freuden und Leiden ihres Hauses sprach, hatte ihr blasses Gesicht leicht geröthet. „Wollen Sie jetzt unser Haus und die Mädchen sehen, meine Herren?" sagte sie, und bejahend standen wir auf. Von dem Treppenflur führte eine andere Thüre in ein Arbeitszimmer der Mädchen.

Es war freundlich, warm und hell. Die Aussicht ging auf den Garten und das Feld. Um einen Tisch saßen sechs junge Mädchen, alle, wie es schien in dem Anfang der zwanziger Jahre, alle gesund, frisch und heiter aussehend, mehrere von sehr hübschen Gesichtszügen. Als wir eintraten, standen sie alle auf. Zerschnittene Kleiderstoffe lagen auf dem Tische, vor dem Tische saß eine junge Dame, in die Tracht der Helferinnen des Hauses gekleidet; sie trug ein schwarzes, wollenes Kleid und eine weiße Schürze mit Brustlatz. Sie hatte ein Buch in der Hand, aus dem sie den Mädchen vorgelesen hatte. „Es gehen nächstens zwei von meinen Zöglingen fort," sagte die Oberin, „und ziehen in einen Dienst; da besorgen wir nun die Ausstattung und nähen ihnen die Kleider, welche sie mitnehmen, und während der Arbeit liest Fräulein von ** vor." Dann sprach mein ärztlicher Freund mit einigen von den Mädchen, sich nach ihrem Gesundheitszustande erkundigend. Ich machte vor kurzem einen Besuch in dem Hause des Elends am Alexanderplatz, welches in der Acten- und Geschäftssprache der preußischen Büreaukratie sehr uneigentlich „das Arbeitshaus" heißt. Als ich durch die Säle ging, in denen die liederlichen Mädchen detinirt werden, lachten sie mich an, kicherten mit einander und machten sich gegenseitig freche Bemerkungen. Die Mädchen, welche hier im Hause der Büßerinnen die Kleider ihrer scheidenden Genossinnen nähten, standen bei ihrem Eintritt wahrscheinlich auf einer weit tieferen Stufe der Verdorbenheit und Gesunkenheit. Und sie hatten die Schamlosigkeit und Frechheit auf ihren Gesichtern und in ihrem Wesen alle abgelegt. Niemand, der sie nicht kannte, wäre im Stande gewesen, die Geschichte ihrer Vergangenheit in ihren Zügen zu lesen. Es waren die Gesichter der reuigen Magdalena, nach der das Haus

seinen Namen führt. Nichts, keine Bemerkung, keine
Bewegung, erinnerte an ihre schreckliche Vergangenheit,
Alle hatten das Aussehen fleißiger, sittsamer Arbeiterinnen.
„Sind Sie zufrieden mit Ihren Zöglingen?" fragte die
Oberin Fräulein von **. „Ich habe nicht Ursache zu
irgend einer Klage, erwiderte die Vorsteherin."

Dann gingen wir durch die Schlafzimmer, welche
an das Arbeitszimmer stießen. Ueberall die größte Einfach=
heit, Ordnung und Reinlichkeit. Einige Mädchen gingen
an uns vorüber, welche mit häuslichen Geschäften be-
auftragt waren. In ihrem Wesen war derselbe Aus=
druck unverkennbar, wie bei den Mädchen in dem Arbeits=
zimmer, welche wir so eben gesehen hatten. Ueberall hätte
man glauben sollen, man befinde sich in einer Pensions=
oder Erziehungsanstalt für arme Mädchen. Es wurde
dort unter Aufsicht und Mitwirkung einer Helferin die
Wäsche gewaschen, welche der Anstalt aus der Stadt zur
Besorgung zugeschickt wird. Welch ein Unterschied zwischen
diesem Waschhause und dem Waschkeller des Arbeitshauses,
dessen ich schon mehrmals erwähnt habe! Dort hatte ich
die gemeinsten Schimpfreden und die frechsten Scherze
gehört, welche mein Ohr jemals vernommen hat. Hier
herrschte ein freundliches, ruhiges Wesen, ein gesittetes
Benehmen; jede war mit ihrer Arbeit beschäftigt. Und
doch waren es dieselben verwahrlosten Geschöpfe, welche
ich in dem schrecklichen Waschkeller gesehen hatte. Die
Milde und Erziehung, welche in diesen Räumen waltete,
hatte ihre Herzen umgewandelt und veredelt. Eine Uhr
schlug halb Eins. „Es wird gleich gegessen," sagte die
Oberin; „wenn Sie wollen, können Sie bei unserm
Mittagessen gegenwärtig sein. Aber vorher, da Sie
darnach gefragt haben, will ich Ihnen doch unser sogenann=
tes Gefängniß zeigen; Sie könnten sonst von hier scheiden

und den Gedanken mitnehmen, daß wir unsere Erziehung mit strengen Strafen machten." Wir stiegen dann wieder die Treppe hinauf und kamen auf den Boden des Hauses. An der einen Seite desselben war eine kleine Bodenkammer abgetheilt. Es war ein kleines Stübchen mit der Aussicht in's Freie. In demselben standen ein Tisch, ein Paar Stühle und ein sehr einfach bezogenes Bett. „Sehen Sie, dies ist unser sogenanntes Gefängniß, wenn Sie es so ansehen wollen," sagte die Oberin. Das Gefängniß sah aus wie die Stube eines armen Mannes, aber reinlich und hell.

Unten im Hause hatte das Mittagessen bereits begonnen. Als wir den großen und freundlichen Saal betraten, fanden wir alle Mädchen an zwei weiß gedeckten, langen Tischen sitzend. Oben an dem Tische saßen die Vorsteherinnen des Hauses. Die Speisen bestanden aus Brühkartoffeln und Rindfleisch. Jedes Mädchen hatte einige Schnitte gutgebackenes Brod neben ihrem Teller liegen. Es schien Allen vortrefflich zu schmecken. Jede war nur mit ihrem Mittagessen und im leisen Gespräch mit ihrer Nachbarin beschäftigt. Keine Einzige richtete ihre Aufmerksamkeit auf uns, als wir in den Saal traten und mit der Oberin langsam zwischen den Tischen durchgingen. Wenn ein Blick uns traf, so dauerte er nur eine Secunde. Wer in diesen Eßsaal trat, hätte, ohne es zu wissen, nie errathen, in welcher Gesellschaft er sich befand. Wir verabschiedeten uns von der Oberin und den Vorsteherinnen, und Erstere begleitete uns durch den Garten bis zu der kleinen Thür, an der wir vor kurzem mit so großer Neugierde die Klingel gezogen hatten. Ich konnte nicht umhin, bevor wir den Garten verließen, der Oberin des Hauses meine Bewunderung auszudrücken über das, was ich gesehen und gehört hatte, und insbesondere meine Bewunderung über ihre eigene Aufopferung und Seelengröße, ihr Leben mit der Erfüllung einer so schwierigen Aufgabe hinzubringen, wie die war, welche sie hier übernommen hatte. „Darf ich wohl fragen," sagte ich, „wen ich die Ehre gehabt habe, heute kennen zu lernen, und jetzt meine ganze Bewunderung auszusprechen?"

Sie lächelte und sagte: „Ach, Sie wollen meinen Namen wissen, den ich einst in der Welt, jenseits der Mauern dieses stillen Hauses führte? Ich heiße von **."

Verwundert sah ich sie an. Ich erkannte sie sofort wieder. „War Ihr Herr Vater nicht der Präsident von **, gnädige Frau?" sagte ich.

„Ja wohl, mein seliger Vater war der Präsident von **. Kannten Sie ihn?"

„Ich hatte die Ehre, Ihren Herrn Vater zu kennen," erwiderte ich, nahm den Hut ab und verbeugte mich tief zum Abschiede. Fräulein von ** erkannte mich nicht mehr. Ich hatte sie oft früher in den glänzenden Gesellschaften der Residenz gesehen.

Die Thüre schloß sich hinter uns, und hinter uns lag das Haus der Büßerinnen, der stille Zufluchtsort für die elendesten und beklagenswerthesten Geschöpfe, welche auf Gottes schöner Erde leben. Wir gingen wieder zu dem Ufer des Flusses, und überschritten vorsichtig zum zweiten Male die ächzende Eisdecke. Drüben hielt unser Wagen. Dem Kutscher und den Pferden mochte die Zeit lang genug geworden sein. — — „Wissen Sie, Doctor," sagte ich zu meinem ärztlichen Freunde, als wir im gestreckten Trabe nach der Stadt zurückfuhren, „ich habe heute wieder einen großen Menschen gesehen. Wie Sie wissen, durchstreifte ich im vorigen Jahre die östlichen Alpen und Ober= und Mittelitalien. Ich hörte in den

Alpen von Geistlichen sprechen, welche an den Grenzen der Welt des Erstarrtseins wohnen, welche mitten in Eis und Schnee ein ganzes langes Leben der Seelsorge armer Bauern widmen. Ich dachte an die Säulenheiligen des Mittelalters, an jene unsterblichen Mönche und Einsiedler, welche in den ersten Zeiten des Christenthums ihr Leben für jene großen culturhistorischen Zwecke opferten. Ich stieg die Querthäler der Alpen hinauf bis zu den äußersten Grenzen der Vegetation, wo der erstarrende Tod nach den letzten Gräsern seine kalten Arme ausstreckt. Und was fand ich? Stupide Priester, welche ohne irgend eine hohe Idee ihrer großen Pflicht ihr Amt verwalteten, weil sie an dieser einsamen Stelle ihr kärgliches Brod aßen. Nur einmal fand ich in Italien einen Geistlichen, welcher, von dem Gedanken seines hohen Berufes begeistert, eine halbe Stunde von einer prächtigen, mit allem Luxus und allem Sinnenreiz geschmückten Stadt entfernt, einen schwierigen und mühevollen Beruf mit der ganzen Aufopferung eines begeisterten Menschen verwaltete. Es war der Pater Arzt in einem Irrenhause auf der kleinen Insel San Servolo in der Nähe von Venedig. Er gehörte zu dem Orden der Barmherzigen Brüder, und er hatte sich den Wahlspruch: „Fate bene fratelli" zu seinem Lebensprincip gewählt. Heute habe ich in der Oberin jenes stillen Hauses, welches wir soeben besucht haben, sein Ebenbild gefunden."

Drittes Kapitel.

Das Idiotenhaus.

Wenn man in Berlin aus dem Schönhauser Thor geht, und die nach dem kleinen Schlosse Schönhausen führende, prächtige Lindenallee eine halbe Stunde verfolgt, so sieht man, dem gerade nicht sehr hübschen, aus rothen Backsteinen aufgeführten Gebäude der gemeinnützigen Baugesellschaft gerade gegenüber, ein nicht großes, hell angestrichenes Haus, welches ganz das Ansehen eines Landhauses hat. Ein kleiner Vorgarten mit einem Holzgitter trennt dasselbe von der Straße, aus den offenen Fenstern des untern Stockes ertönt häufig die Musik eines Piano's, die Fensterscheiben sind so blank geputzt, daß sich die Sonnenstrahlen darin spiegeln, kurz das ganze Ensemble macht einen sehr angenehmen und befriedigenden Eindruck. Oeffnen wir die Gitterthüre, treten wir ein in den Garten und gehen wir um das Haus herum. Da dehnt sich der Garten mit seinen Blumenbeeten und wohlgepflegten Kieswegen weiter aus; in der Mitte desselben erhebt sich ein grüner Hügel, auf dessen kleines Plateau ein sonderbar gewundener Gang in Kreuz- und Querwegen hinaufführt; auf dem Platze, welcher die Rückseite des Hauses von dem Garten trennt, stehen ein Reck, mehrere Barren und ein vollkommenes, mit Kletterstange und Leitern ausgerüstetes Klettergerüst. Der hintere Theil des Gartens ist von einem mit grünem Laubwerk bekleideten Bretterzaun abgeschlossen, durch den eine Thür auf einen großen, grünen Platz führt, den sogenannten Exercierplatz. Der Garten macht ebenfalls den Eindruck, als wie der Garten eines Landhauses, dessen Besitzer Kinder hat, und einen Theil des Raumes desselben zu ihrer körperlichen Ausbildung verwendet. Nur der Hügel in der Mitte mit seinem vielgewundenen Aufgang macht einen seltsamen Eindruck, das fortwährende Zickzack des Weges muß doch einen Zweck haben, der mit dem bloßen Spazierengehn nicht zu vereinigen ist. „Sonderbare Idee", sagte ich zu mir selbst, als ich so da stand, und die Wegfiguren betrachtete, „ich habe doch schon viele Straßenanlagen gesehen, welche über die höchsten Alpenkämme führen, aber diese Form einer Höhenersteigung ist mir doch neu." Da trabte ein Knabe, auf einem großen grauen Esel sitzend, durch den Garten, an mir vorüber; ich rief ihm zu, er hielt seinen Esel an und ich fragte ihn, warum dieser Weg so sonderbar angelegt sei? Der Knabe lachte und bewegte den Mund, als wenn er spräche; ich hörte aber keine Laute, sondern sah nur die Bewegungen seiner Lippen, welche sich stärker ausprägten, wie gewöhnlich, als wenn er versuchte, recht deutlich zu sprechen. Dazu machte der Knabe Bewegungen mit den Fingern, die ich eben so wenig verstand. Nun kam ich auf den richtigen Gedanken, wo ich sei. Es mußte eine Taubstummen- oder eine Idiotenanstalt sein; der blondhaarige Knabe, der da auf seinem Esel saß, war wahrscheinlich taubstumm. Auf ein Mal drehte er seinen Esel um, und trabte nach dem Hause zurück. Gleich darauf kam er in Begleitung eines Mannes mit schwarzem Haar, dessen Gesicht das Gepräge großer Gutmüthigkeit trug, wieder heraus. Der Mann sagte mir, daß ich mich in dem Garten einer Idiotenanstalt befinde, und stellte sich mir als der Director dieser Idiotenanstalt vor, und fragte mich, ob ich dieselbe sehen wolle? Ich hatte niemals eine derartige Anstalt gesehen, und nahm das Anerbieten gern an. Der Knabe trabte wieder auf seinem Esel durch den Garten und wir gingen nach dem Hause zu.

„Sind Sie oben, Herr Regierungsrath? Treten Sie doch einmal an's Fenster", rief der Director dann, als wir vor der Thür standen, hinauf.

Von oben antwortete Niemand; es öffnete sich auch kein Fenster.

„Warum antworten Sie denn nicht, Herr Regierungs= rath", rief der Director von Neuem, „Sie bekommen Besuch."

Wiederum keine Antwort. Die Fenster blieben ver= schlossen.

„Er muß wieder besonders eigensinnig sein", sagte der Director, „der alte Herr"; dann traten wir in das Haus und stiegen eine bequeme Treppe hinauf. Oben öffnete mein Begleiter eine Thüre, und mitten in dem zwar einfachen aber sehr reinlichen und geräumigen Zimmer stand an einem Tische, auf dem Bücher, Schreibzeug und allerlei Kleinigkeiten mit sonderbarer Sorgfalt arrangirt waren, ein alter Mann mit weißem Haar, gelbem, magerem Gesicht, eine Sammtmütze auf dem Kopf und in einen Hausrock gekleidet. Auf einmal hörten wir wieder unten eine Stimme rufen:

„Sind Sie oben, Herr Regierungsrath? Oeffnen Sie doch einmal das Fenster."

Der alte Mann am Fenster hatte mich, als ich in das Zimmer trat, mit mißtrauischen Blicken angesehen. Jetzt kam plötzlich Leben und Bewegung in ihn, als er die Stimme hörte. Er lief ans Fenster, öffnete dasselbe und rief hinaus: „Herr Sanitätsrath, kommen Sie doch herauf, ich soll vergiftet werden."

Verwundert schaute ich meinen Begleiter an. „Ach, da ist der Sanitätsrath, der Arzt meiner Anstalt", sagte er, „zu dem hat der Regierungsrath ein ganz besonderes Zutrauen."

Zu gleicher Zeit öffnete sich die Thüre, und einer meiner Bekannten, der Sanitätsrath Dr. Lohre, trat in das Zimmer. Wir begrüßten uns, und er stellte mich dem Regierungsrath als einen früheren Collegen vor. Dann flüsterte der Regierungsrath ihm einige Worte in das Ohr. „Ja, ja," sagte er dann lachend zu mir, „er ist sehr zu bedauern, der arme Regierungsrath, gestern ist er bereits mit Arsenik von der Babette, dem Dienstmädchen, beim Kaffee vergiftet worden; jetzt sagt er mir, Sie hätten die Absicht, ihm Blausäure beizubringen. Er soll auch fort, in ein anderes Haus."

Dagegen protestirte der alte Mann nun heftig, und erwiderte, daß er unter allen Umständen hier bleiben wolle, der Sanitätsrath verstände es ja, die Wirkung der verschiedenen Gifte unschädlich zu machen. Und es gefiele ihm sonst recht gut in diesem Landhause. Dann verlangte er eine Unterredung mit seinem Vetter. „Aber schreiben Sie doch den Brief an ihn fertig, dann wird er ja kommen; seit acht Tagen liegt der Brief nun schon halbvollendet hier auf dem Tische, sagte der Arzt zu ihm; er kann es doch, ohne daß Sie an ihn schreiben, nicht wissen, daß er herkommen soll."

„Es ist sonderbar, äußerte der Sanitätsrath dann zu mir, ich kann den alten Herrn nicht dazu bringen, den Brief zu vollenden; sonst habe ich eine große Gewalt über ihn; Sie sehen, er ist geistesschwach, nach meiner Meinung unheilbar."

„Aber," erwiederte ich, „ich soll ja Idioten sehen sagt mir der Director, und dies ist ein Wahnsinniger?"

„Es kommt ganz darauf an, was Sie unter Idioten verstehen wollen. Schlechthin nennt man Blödsinnige und Schwachsinnige auch Idioten; Andere nennen den höchsten Grad des Blödsinns Idiotismus. Wieder Andere nennen die Taubstummen Idioten. Wir wollen uns hier nicht weiter darin ergehen, was richtig oder unrichtig ist; in der Anstalt des Director Bösch werden Idioten in der weitesten Bedeutung des Wortes aufgenommen, Cretins, welche auf der tiefsten Stufe menschlicher Entwicklung stehen, welche nur die menschliche Gestalt vom Thiere trennt, Schwachsinnige, Blödsinnige, Schwerhörende, Taubstumme, Sprachlose, welche es sind trotz ihres guten Gehörs und ohne blödsinnig zu sein, Stotternde und Wahnsinnige. Hier der Regierungsrath ist, wie ich Ihnen schon sagte, blödsinnig, und bei seinem vorgerückten Alter, wohl unheilbar. Für ihn dient die Anstalt als Asyl. Es ist schrecklich, in seiner Familie einen Blödsinnigen herumlaufen zu haben. Hier findet ein solcher Unglücklicher für Jahre oder auf die ganze Lebenszeit angemessenen Unterhalt und Pflege. Zeigt sich eine Möglichkeit zur Heilung, so versuche ich dieselbe allerdings; ebenso verordne und regle ich die Diät. Der Kranke erhält Wohnung, Kost, Wäsche, Bedienung, Alles, was er braucht. Er wird nach seinen Fähigkeiten beschäftigt und unterhalten, und lebt nicht isolirt, sondern gesellig. Der Director und seine Familie stehen hier mit unserem Regierungsrath in stetem Verkehr und Umgang. Leider hat er gar keine Neigung zu einer bestimmten Beschäftigung, sonst würde auch diese gepflegt werden;

Sie sehen, ich kann ihn nicht dazu bringen, den Brief fertig zu schreiben. Seit acht Tagen rede ich von dem Brief. Aber sehen Sie den gestern mit Arsenik Vergifteten an; sieht er nicht sehr ordentlich aus?"

Ich sah nun den Unglücklichen an; in der That, Alles war an ihm höchst sauber und ordentlich; seine Kleider und seine Stiefel waren blank geputzt, er war rein gewaschen, sein Haar ordentlich gekämmt; er hätte sofort seine Akten unter den Arm nehmen und in eine Sitzung des Kollegiums gehen können. Auch das Zimmer mit dem Bett war ein Bild großer Ordnung, Reinlichkeit und Sauberkeit.

„Nun kommen Sie, wenn es Ihnen gefällig ist, herunter," sagte der Director, jetzt sollen Sie andere Idioten sehen. Wollen Sie nicht mitgehen, Herr Regierungsrath?"

Schweigend hing der alte Mann einen Mantel um, und stieg hinter uns die Treppe hinab, von Neuem nach seinem Vetter fragend. Unten traten wir in eine ebenfalls nach dem Garten hinausgehende Stube. Eine große Landkarte von Europa hing an der Wand, gegenüber stand eine schwarze Holztafel auf einem Holzgestell. Es war eine höhere Unterrichtsklasse. Auf der Erde saß ein Knabe von zehn bis zwölf Jahren, der, als wir eintraten, mit großem Geschrei aufsprang, und tobend im ganzen Zimmer umherlief. Ich verstand von dem Geschrei kein Wort; es waren nur thierische Laute, welche aus dem Munde des Knaben zum Vorschein kamen. Auch auf dem Gesichte des Knaben lag das unverkennbare Gepräge thierischen Ausdruckes; sonst war sein Körper wohlgebildet. Seine Kleidung war sehr ordentlich und reinlich. Der Junge hörte nicht auf zu schreien und zu toben. „Er ist blödsinnig, sagte der Director,

„ich habe ihn erst seit Kurzem hier; wie weit er heranzubilden sein wird, kann ich natürlich noch nicht bestimmen. Doch hat er schon bedeutende Fortschritte in kurzer Zeit gemacht. Er war an Körper und Kleidung höchst unsauber; er aß Alles ohne Maß und Auswahl. Steine, Erde, Blätter, Schmutz, Alles führte er zum Munde und verschluckte es, ohne zu kauen. Ueber diese erste Stufe des rein thierischen Seins habe ich ihn hinweggebracht, und ich werde ihn in den nächsten Tagen in die erste Klasse meiner Anstalt bringen, die ich, „die Spielklasse" nenne. Der Zweck derselben ist Anleitung zum Spiel und zur Bewegung, und die Aufgabe des Spiels und der Bewegung ist wiederum, die Sinne zu heben und auf die Geistesthätigkeit einzuwirken, die Vorstellungen zu fixiren und sie continuirlich zu machen. Ich werde Ihnen das nachher zeigen. Und doch steht dieser Idiot in geistiger Beziehung noch weit über Anderen, welche ich hier gehabt habe. Er ist so lebhaft, daß ich ordentlich Mühe habe, ihn zu bändigen. Die meisten verharren in unglaublicher Trägheit und regen sich nur auf äußere Veranlassung. Die geringste Bewegung erregt ihren Widerwillen. Wo sie stehen, werfen sie sich nieder. Die Füße sind nach auswärts gerichtet, die Knie schlottern. Sie haben nicht den Muth, sich allein zu setzen, und bleiben stehen, bis sie gewaltsam fortgetragen werden. Man stelle einen solchen Idioten mitten in das Zimmer und öffne die Thüre; er wird eher verhungern, ehe er das Zimmer verläßt, weil er nicht weiß, wie er es anfangen soll. Von den 200 Unglücklichen, welche mir im Laufe der Zeit zur Behandlung anvertraut waren, befanden sich — zu meiner großen Freude muß ich es bekennen — nur etwa zwanzig auf dieser niedrigsten Stufe des Menschseins. Von diesen zwanzig sind wenigstens Einige nütz-

liche Menschen geworden, die andern sind aber auch nicht
auf ihrem thierischen Standpunkte geblieben. Sie wurden
wenigstens reinlich, mäßig, lernten Ohren, Augen, Hände
und Füße gebrauchen. Sie hörten auf ihre Namen,
thaten, was ihnen befohlen wurde, holten und trugen
Gegenstände fort, machten Thüre und Fenster auf und
zu, lernten ihre Umgebung kennen, erkannten Personen
wieder, wußten, was sie thun durften, kannten das ihnen
Schädliche und Gefährliche, z. B. Feuer, und kamen
wenigstens so weit, daß sie sich im Hause ihrer Ange=
hörigen aufhalten konnten, ohne das Hauswesen zu stören."

„Was ist denn die Ursache eines solchen Blödsinns,
wenn das Kind nicht schon so geboren ist?" fragte ich.

„Meistens die Kinderkrankheiten, wenn sie früh ein=
treten, und einen üblen Verlauf nehmen," erwiderte mir
der Arzt; „außer der Mondsucht und Epilepsie. Aber
kommen Sie her, hören Sie sich jetzt eine Unterrichts=
stunde an. Sie werden dann in wenigen Minuten den
ganzen geistigen Bildungsprozeß dieser Unglücklichen über=
sehen können, welche auf der Anschauung und auf Er=
weckung der geistigen Thätigkeit durch dieselbe beruht."

Wir gingen aus der hintern Stube in ein nach vorn
gelegenes Zimmer. Der kleine Idiot tobte ebenfalls hin=
aus und der blödsinnige Regierungsrath begleitete uns,
wiederum von seinem Vetter sprechend. Das vordere
Zimmer war groß, luftig und hoch. Es wehte darin
eine reine und frische Luft. Auf vier Bänken saßen
einige dreißig Kinder, im Alter von sechs bis vierzehn
Jahren, Knaben und Mädchen, alle höchst reinlich und
sauber gekleidet. Auf allen Gesichtern war ihr geistiger
Zustand in mehr oder weniger deutlichen Zügen zu lesen;
ein dickes, häßliches Mädchen weinte unaufhörlich, ein
paar hübsche blonde Knaben saßen neben einander und

lachten in höchst alberner Weise, mehrere kleine Mädchen
sprangen auf, liefen dem Direktor der Anstalt entgegen,
schmiegten sich an ihn und nannten ihn „lieber Onkel";
zwei kleine Kinder von vier bis fünf Jahren krabbelten
auf der Erde umher und spielten mit hölzernem Kinder-
spielzeug, aber in einer so geistlosen Weise, daß man
ganz deutlich sah, sie spielten ohne irgend einen Gedanken.
Das Zimmer war die sogenannte Anschauungsklasse, welche
in dem geistigen Bildungsprozeß der Idioten nach der
Spielklasse kommt, von der ich oben sprach. Ihr gehören, mit Ausnahme der ausschließlich für die Spielklasse
bestimmten Zöglinge, sämmtliche in der Anstalt befindliche
Idioten an. Der Zweck der Anschauungsklasse ist Kul-
tivirung der Sinne; die Mittel zu diesem Zweck die größte
Auswahl von Körpern, zahlreiche Modelle, Bilder und
Figuren. Für heute war die Anschauungsklasse mit der
Artikulationsklasse vereinigt, deren Zweck es ist, diejenigen
Zöglinge, welche noch unterhalb der Sprache sind, die
ersten Laute und ihre einfachste Verbindung sprechen zu
lehren, ferner diejenigen Zöglinge, welche schon innerhalb
der Sprache sind, zu einem ordnungsmäßigen Sprechen
und zu einem verständlichen Ausdruck ihrer Gedanken zu
bringen. Ich hatte also den ganzen Unterrichtsgang der
Idioten vor mir.

Der mit in das Zimmer hinein gelaufene blödsinnige Knabe tobte jetzt, fortwährend laut schreiend, so
gewaltig umher, daß er entfernt werden mußte. Der
Regierungsrath stand am Fenster und erzählte dem jungen Mädchen, welches mit dem Direktor und dessen Frau
den Unterricht der Kinder leitet, seine letzte Vergiftungs-
geschichte, welche ihm so eben mit mir passirt wäre, und
behauptete nur einmal zur Abwechselung, daß ich ihn
hätte vermittelst giftiger Dämpfe tödten wollen. Der

Direktor begann seinen Unterricht. Er legte den Kindern nach einander Bilder mit bunten Farben vor, welche Menschen, Thiere und Häuser vorstellten. Sie antworteten auf die Frage, was ist das? oder, welche Farbe ist das? wenigstens richtig; mir kam hie und da mancher komische Irrsinn vor, indem sie Menschen mit Vögeln oder Katzen verwechselten. Einige Kinder, welche noch unterhalb der Sprache waren, gaben ihre Antwort, meistentheils richtig, durch Zeichen, indem sie gefragt wurden: wo ist der Vogel? Was ist roth oder grün? Dann wurden ihnen ausgestopfte Vögel, Figuren in Holz und bunter Pappe, und endlich der Direktor selbst, der Arzt und ich vorgestellt. Bei der Vorstellung des Ersteren antworteten sie ohne Ausnahme, die Meisten mit einem Anflug von Gemüth und Zärtlichkeit „unser Onkel," auch den Sanitätsrath kannten sie Alle; nur bei der Benennung meiner Person waren sie, da sie mich zum erstenmale sahen, in großem Zweifel. Einige antworteten ganz einfach „ein Narr," andere „ein Offizier," ein drittes „der Prediger;" mit einem Baum oder mit einem Thier verwechselte mich indeß Niemand; sie waren also sämmtlich so weit in ihrer Anschauung gekommen, das Individuum in mir zu erkennen. Ihre Namen wußten Alle, ohne Ausnahme, wenn sie nicht noch unter der Sprache waren, zwei Kinder nannten komischer Weise immer den Baronstitel ihrer Aeltern vor ihren Vornamen. Dies vergaßen sie nie; man konnte sie zehnmal nach ihrem Namen fragen, immer war die Antwort: „Baron Hans oder Baron Fritz von so und so." Ihre adlige Abkunft war die einzige Erinnerung, welche sie mit in das Idiotenhaus gebracht hatten.

Doch nein, Baron Hans hatte noch eine besondere körperliche Zugabe mitgebracht, welche, wie sein Vater

verlangt hatte, von seinem Aufenthalt in der Anstalt un=
zertrennlich war, und wie eine Servitut an einem Grund=
stück an ihm haftete; es war — die „Neue Preußische
Zeitung!" Der Vater hatte dem Direktor das Halten
dieser Zeitung für seinen Sohn zur Bedingung gemacht;
der Direktor abonnirte seinem Versprechen gemäß regel=
mäßig zum Beginn jedes Quartals auf die Zeitung —
sie lag auch heute auf dem Tische der Schulstube; —
Baron Hans las sie natürlich nie, weil er noch gar
keinen Sinn für Politik und für conservative Interessen
hatte. Ich erzähle die Geschichte nicht, weil ich darin
das geringste Lächerliche finde: mancher jetzt constitutionell
gesinnte preußische Staatsbürger, der die Götter aller
politischen Parteien während der letzten eilf Jahr nach=
einander angebetet hat, je nachdem es ihm in seinen
Kram paßte, könnte sich im Gegentheil an dem alten
conservativen Baron, der seinem blödsinnigen Kinde die
Neue Preußische Zeitung mit in das Idiotenhaus gab,
ein wesentliches und ihn selbst tief beschämendes Exempel
nehmen!

Baron Hans, der jetzt vierzehn Jahr alt ist, und
sich zwei Jahre in der Idiotenanstalt befindet, außerdem
mit einer enormen Kurzsichtigkeit und mit der Schwierig=
keit zu kämpfen hat, daß er den Augapfel schwer bewegen
kann, wodurch er genöthigt ist, wenn er auf einen be=
stimmten Punkt sehen will, immer den ganzen Kopf zu
drehen, ist einer der befähigtesten und bestentwickelten
Schüler des Direktor Bösch geworden. Seine Antwor=
ten zeigten von Nachdenken und von Fixirung der Ge=
danken, er hat etwas Musik gelernt und sprach mit mir
mit ziemlicher Fertigkeit Französisch. Er hat gelernt,
seine Gliedmaßen am Klettergerüst und am Reck zu ge=
brauchen; in der Beschäftigungsklasse, worin solche Zöglinge

kommen, welche in der Unterrichtsklasse so an Körperkraft und Geschicklichkeit gewonnen haben, daß sie mit schwereren Arbeiten beschäftigt werden können, und worin arme Idioten ein bestimmtes Handwerk erlernen, was sie in ihrem weiteren Leben treiben sollen, um sich dadurch das tägliche Brod zu erwerben, sah ich ihn an der Tischlerbank den Hobel mit vieler Geschicklichkeit trotz seines kurzen Auges handhaben. Ein Handwerksmeister, ein sehr geduldiger und tüchtiger Mann, unterrichtete ihn, und ein Korbmachermeister beschäftigte zwei andere Zöglinge mit Korbmachen, welche es in diesem Handwerk bereits so weit gebracht hatten, daß sie nächstens die Anstalt verlassen und als Gesellen von dem Gewerke aufgenommen werden können. Baron Hans war nach dem Status, der bei seinem Eintreffen in die Anstalt aufgenommen war, auf einer ganz andern Stufe seiner geistigen Entwickelung; er stand nicht hoch über dem tobenden Knaben, den ich in dem Hinterzimmer des Hauses gefunden hatte — und nun war er ein nachdenkender, sprechender und brauchbarer Mensch geworden. Vielleicht bringt er es noch dahin, daß er nach dem Wunsche seines Vaters auch die Neue Preußische Zeitung liest!

Doch ich habe mich beim Baron Hans schon zu lange aufgehalten, — es lag nur in meiner Absicht, an einem Beispiel zu zeigen, was Geduld und vernünftiger Unterricht aus einem blödsinnigen Knaben machen kann, — und gehe wieder zu dem Unterricht der Kinder über. Nachdem einige Zöglinge Modelle auseinandergenommen und zusammengesetzt hatten, um die Theile kennen zu lernen, aus denen die Körper zusammengesetzt waren, und um das Auge an das Sehen und die Finger an das Fühlen zu gewöhnen, begann der Sprachunterricht. Bei Schwach- und Blödsinnigen kann die Sprache nicht mehr sein, als der Ausdruck der von ihnen gewonnenen Vorstellung und Empfindung. Die mangelnde Reflexion macht es unmöglich, die Vorstellungen nach Beziehungen zu ordnen, und sie noch durch nähere Bestimmung zu vervollständigen. Sie sprechen ohne Prädikat und ohne Sprachform. Spricht man mit ihnen in der gewöhnlichen Sprachform, so verstehen sie es meist nicht. Bei solchen, welche noch innerhalb der Sprache sind, kann von einer Articulation nicht eher die Rede sein, ehe nicht Anschauungsunterricht vorangegangen ist, und selbst beim Articuliren wird eine gleichzeitig passende Versinnlichung des zu erlernenden Lautes von großem Nutzen sein. Der Vorsteher der Anstalt sprach mit einem Kinde, welches nicht taubstumm war, welches sprach, aber im sechsten Jahre das normale Gehör verloren hatte. Dem Kinde mußte das Auge das Ohr ersetzen. Es waren ihm deshalb die Mundstellungen bei den verschiedenen Lauten so oft gezeigt, bis es an der Mundstellung absehen konnte, welcher Laut gesprochen worden war. Darauf war die Verbindung der Laute zu Silben und Wörtern geübt. Das Kind hatte das Sprechen auf dem Wege des Absehens vollständig erlernt. Der Direktor machte die Mundstellung bei jedem Laute so prägnant und ausdrucksvoll, wie möglich. Das Kind hatte die Frage sofort aufgefaßt, wie sie gesprochen war, und antwortete sofort. Hätte ich nicht gewußt, daß das Kind schwerhörig war, so hätte ich den Mangel des Gehörs an nichts Anderem merken können, als an der prägnanten Mundstellung, welche dasselbe bei den einzelnen Lauten annahm. Es hätte die Laute natürlicherweise auch ohne diese ausdrucksvollen Mundstellungen herausgebracht: aber, als wenn es hätte so sein müssen, so sprach es keinen einzigen Laut ohne diese. Einem anderen Kinde, welches gut hörte, aber sprachlos war, wurden die ersten Laute beigebracht. Es war kein organischer Fehler, der das Kind am Sprechen verhinderte, sondern Nachwirkungen einer Krankheit. Nach einigen Versuchen sprach das Kind alle Vokale mit ziemlicher Klarheit und Deutlichkeit. Mit einem ganz taubstummen Knaben wurde die Unterhaltung durch Zeichen und durch prägnante Mundstellung geführt. Das Verständniß und die Antwort folgten ohne Stockung und sofort aufeinander. Sowie ein Kind in der Anstalt aufgenommen ist, wird ein Status seines körperlichen und geistigen Zustandes aufgenommen, welcher sich auch über die Krankheitsweise, über die Stärke der Intelligenz, über die Fähigkeit im Sprechen u. s. w. ausläßt. Ich ließ mir die Status einzelner Kinder zur Zeit ihrer Aufnahme in das Haus vorlegen und mir sodann die Kinder vorführen. Die Fortschritte, welche die Kinder im Verlaufe von einem halben oder einem ganzen Jahre in ihrer körperlichen Beschaffenheit und in ihrer Intelligenz gemacht hatten, waren merkwürdig. Ein Knabe von sieben Jahren konnte bei seiner Aufnahme in das Haus gar nicht sprechen. Es drückte alles Angenehme durch „ei," alles Unangenehme mit „ä" und sein Bedauern mit „ö" aus; im Uebrigen verständigte er sich durch Pantomimen. Alle Versuche, ihn zu unterrichten, waren bis jetzt gescheitert. Er war zwei Jahre in der Anstalt, konnte ganze Sätze sprechen, geläufig lesen, schreiben und rechnen, und war in allen Gegenständen des Unterrichts weit vorgerückt. Ich könnte, wenn es mir der Raum gestattete, eine Reihe derartiger Beispiele vorführen. Wie viel Geduld und Ruhe gehört dazu, eine solche Ausbildung zu Wege zu bringen! Das auf der tiefsten Stufe körperlicher und geistiger Entwickelung stehende Kind war ein Mädchen von zehn Jahren. Es war taubstumm und blödsinnig. Die Ursache der Krankheit lag in epileptischen Krämpfen, welche das Kind seit seiner Geburt nicht verlassen hatten, und ihm stellenweis die Glieder lähmten. Das Gesicht hatte einen unverkennbar thierischen Ausdruck; in der Form ähnelte es dem Gesicht eines Affen; die Stirn war niedrig, zurücktretend, Mund und Kinn waren sehr stark ausgeprägt und traten vor. Der untere Körper war am besten und vollständigsten ausgebildet. Das Kind saß, ohne sich zu bewegen, auf einem Stuhl am Fenster, und war vollständig ohne Gebrauch aller seiner Gliedmaßen. Es mußte, wie sich von selbst versteht, an= und ausgekleidet, gewaschen, gekämmt und gefüttert werden. Auf dem Gesichte des Kindes, welches schöne, wasserblaue Augen hatte, zeigte sich nicht die mindeste Theilnahme für die Außenwelt; wenigstens war ich nicht im Stande, in den Zügen den geringsten Gedanken zu entdecken. Die Frau des Direktors beschäftigte sich mit einer besonderen Vorliebe mit dem unglückseligen Geschöpfe, und blieb dabei, daß das Kind nicht unheilbar, sondern auf eine höhere Stufe menschlicher Entwickelung zu bringen sei, obschon ihr Mann und der Arzt es für unmöglich hielten. Sie sprach zu dem Kinde in den liebevollsten und zärtlichsten Ausdrücken, streichelte es mit der Hand und behandelte es in einer Weise, wie nur die zärtlichste Mutter ihr unglückliches Kind behandeln kann. Und in der That, nach einiger Zeit richteten sich die Augen des Kindes zu ihr hin und nahmen einen Ausdruck an, daß es nicht zu leugnen war, daß in der Seele des Kindes ein Gedanken vorging und daß in seinem Herzen eine Empfindung lebte. Die Freude der Frau, uns überzeugt zu haben, war keine geringe, und vor ihrer Freude unterdrückte ich die Bemerkung, daß ich freilich in jeder Thierseele eine größere Empfindungs=

fähigkeit beobachtet hätte, als in der Seele dieses Wesens mit menschlicher Gestalt und mit einem menschlichen Kopfe.

Als ich durch den Garten ging, um mit dem Sanitätsrath nach Hause zu fahren, spielten und turnten die Kinder im Garten. Baron Fritz machte die Uebungen am Klettergerüst mit vieler Geschicklichkeit und Kraft der Glieder. Nun sah ich auch den Zweck des Schlangenweges, der auf den Hügel führte. Ein blödsinniger Knabe wurde hinaufgeführt und sollte nun den Weg allein zurückfinden. Er war dazu vollständig außer Stande. Der Weg diente dazu, um den Zöglingen der Spielklasse Bewegung zu geben, und wurde zugleich als Material zur Hebung und Stärkung der Sinne benutzt. Meine Schilderung des Idiotenhauses in der Schönhauserallee bei Berlin glaube ich aber nicht besser schließen zu können, als mit den Worten eines edlen Menschenfreundes, des Pastors Disselhof, Prediger an der Diakonissenanstalt zu Kaiserswerth a. Rh., in seinem Aufruf für die armen Idioten. „Jedes Uebel," sagt er, „woran die Menschheit leidet, ist Gegenstand der Forschung geworden, und man hat Mittel und Wege gefunden, um es zu heilen und zu verbessern. Die Krankheiten des Auges, des Ohres, der Zunge, des Fußes haben ihre eigenen Heilmethoden; der Verstümmelte, der Kranke, der Wahnsinnige haben ihre Zufluchtsstätten, und wo immer die Stimme der Religion gehört wird, da sind Wittwen und Waisen zum Gegenstande besonderer Fürsorge geworden, so daß ihre Trübsal in Preis und Dank umgewandelt ward.

Nur die unterste und schlimmste Klasse — die Blödsinnigen — wurden bisher übersehen, eben weil man nicht an die Möglichkeit dachte, etwas für sie zu thun. Doch dieses Vorurtheil ist nun glücklich widerlegt, die

Versuche der jüngsten Tage sind mit Erfolg gekrönt, um sie der geistigen Verdumpfung zu entziehen, und es ist nun hohe Pflicht für jeden Menschenfreund, kräftige Hand an's Werk zu legen.

Nur mit tiefster Scham kann man über die große Noth unserer Blödsinnigen und über die noch größere Theilnahmlosigkeit berichten, die ihnen bis jetzt von uns widerfahren ist. Kirche und Staat lassen sie in gleicher Weise in ihrem Elende liegen. Das Kirchenregiment, welches den Religionsunterricht in der Schule überwacht, hat noch keine Synode, keine Gemeinde, kein Presbyterium, keinen Geistlichen, keinen Lehrer gefragt: wie viele Eurer Kinder hören nicht die selige Botschaft von dem Kinderfreunde, weil sie als Blödsinnige von Euch unbeachtet und ungeliebt bleiben?

Und der christliche Staat?

Unsere Blödsinnigen schmachten nach wie vor in derselben Verlassenheit. Im Rathe der Gewaltigen, in den Kammern und Ständehäusern gedenkt man ihrer nicht, wiewohl sie die Ebenbilder Gottes sind.

Wenn man die Blödsinnigen Preußens, insoweit ihre Anzahl bekannt geworden ist, mit den Taubstummen und Blinden vergleicht, so übertrifft die Zahl der ersteren die letztere; denn nach der Zählung von 1849 gab es in Preußen 11,973 Taubstumme und 9579 Blinde, während man weiß, daß mehr als 12,000 Blödsinnige in Preußen existiren."

Möge auch meine Schilderung des Jdiotenhauses bei Berlin dazu beitragen, das Interesse für die Unglücklichen rege zu machen; denn bis jetzt hat Preußen zur Abhilfe für diese 11,000 Taubstummen und 12,000 Blödsinnige nur zwei kleine Privatanstalten, welche zusammen nicht 50 Kinder aufnehmen können.

Viertes Kapitel.

Aus dem Familienhause.

„Im Jahre 1819," erzählt der Pastor Kuntze in seiner interessanten Broschüre: „„das Jubiläum vom Voigtland"" „war im Voigtlande im Sommer tiefer Sand, bei Regenwetter Morast, abwechselnd mit kleinen Seen. Ein Bürgersteig existirte nicht, aber bei Regenwetter lagen an den morastigen und überschwemmten Stellen in kleinen Zwischenräumen Steine, auf denen man balancirend seinen Weg weiter fortsetzen konnte. Straßenerleuchtung kannte man damals überhaupt wenig, und im Voigtlande gar nicht, außer, wenn sich Jemand mit seiner eigenen Laterne Nachts seinen Weg erleuchtete. Die eisernen Feuerbecken an den Straßenecken in der Stadt hatte man zur Zeit des großen Kurfürsten abgeschafft und dafür Laternen eingeführt. Dies war jedoch ein Vorzug, an dem nicht einmal die Spandauer Vorstadt, geschweige denn das weit entlegene Voigtland Antheil nehmen konnte."

Wer erkennt in dieser Schilderung die jetzige Rosenthaler Vorstadt mit ihren breiten, gepflasterten Straßen, mit ihren Gaslaternen, mit den großen, drei- und vierstöckigen Häusern, und den mächtigen Fabrikgebäuden mit den rauchenden Schornsteinen und Tag und Nacht keuchenden Dampfmaschinen wieder? Der großartige Aufschwung der Berliner Industrie und die Häuserspeculation haben den armseligen Stadttheil in kaum dreißig Jahren zu einer der belebtesten und volkreichsten Vorstädte Berlins gemacht und seine Einwohnerzahl bis auf neunzehntausend Menschen gehoben. Wie würde König Friedrich der Große, bekanntlich der erste Gründer des Voigtlandes staunen, wenn er statt der wenigen Hütten, welche damals zerstreut auf einer großen Fläche unfruchtbaren Triebsandes lagen, diese großen Straßen- und Häusercomplexe sähe! „Nach meiner Idee würde der Platz vor dem Hamburger Thore in der Gegend, wo jetzt der Galgen steht," schrieb der König am 22. September 1751 an den Grafen von Hacke, den Kommandanten von Berlin, als er den Befehl gab, die ausländischen Maurer und Zimmerleute vor den Thoren Berlins zu fixiren, „zu solchen Etablissements vor diese Leute am convenabelsten sein, welche zuvor ordentlich aufgenommen und in Quartiere und Straßen eingetheilt werden müßten, aber alsdann jeder derselben mit einem kleinen Hause angesetzet und ihm ein ziemlich räumiger Gartenfleck nebst etwa einem Stücke Landes gegeben werden könnte, da sie, wenn ihre Maurer- und Zimmerarbeit vorbei, im Winter leben und sich überdem durch Spinnen und dergleichen Arbeit gantz reichlich ernähren könnten."

Diese ersten Anfänge des Voigtlandes werden noch heute durch einige Reihen höchst eigenthümlicher Häuser repräsentirt. Sie liegen halb über, halb unter dem Niveau der Straße, von der sie ein schmaler, tiefer Graben und eine hölzerne Barriere trennt. Wäre die Barriere nicht da, man liefe oft Gefahr, in das zweite Stockwerk dieser kleinen Häuser hineinzufallen. Oft haben sie auch nur einen einzigen Stock, auf den das Dach sofort aufgesetzt ist, so daß man von der Straße mit der Hand in die Dachfenster hineinlangen kann. Diese kleinen düsteren Häuser sind die einzigen Baureste, welche noch aus dem vorigen Jahrhundert stammen; die großen, düsteren Familienhäuser sind aus einer weit späteren Zeit nämlich aus den Jahren 1820 bis 1824. Nach den Kriegsjahren von 1806 bis 1815 fing die Vorstadt an zu verarmen, während die Einwohnerzahl Berlins von Tage zu Tage stieg. Alles, was arm und elend war, und in Berlin keine Wohnung finden konnte, drängte sich damals nach dem Voigtlande, und die Vorstadt wurde nach und nach der Sammelpunkt und der Centralpunkt des Proletariats. Dieser immer größere Andrang von armen Leuten nach dem Voigtlande und der dadurch entstehende Mangel an Wohnungen veranlaßte nun eine Speculation ganz eigener Art, nämlich die Anlage der sogenannten Familienhäuser, jener großen kasernenartigen Gebäude, welche heute noch dastehen. Ein Kammerherr von Wülknitz kaufte einen bedeutenden Bauplatz unmittelbar vor dem Hamburger Thore und erbaute dort fünf Häuser aus schlechtem Holz mit Lehmstaken. Eine Stube von zwei Fenstern wurde immer als Wohnung für eine Familie bestimmt. Später geriethen diese Häuser in die Hände eines Schreibers bei einem Advocaten, der sie nach seinem Tode seiner Familie hinterließ, der sie nicht weniger als die Zinsen von 104,000 Thalern eintrugen. Diese hohe Summe wird Niemand übertrieben finden, der da weiß, daß am 24. April 1827 in diesen Häusern 496 Familien wohnten, welche aus 2197 Köpfen bestanden, daß bald darauf 2500 Seelen gezählt wurden, und daß jede Stube 25 bis 36 Thaler jährliche Miethe einbringt. So würden die fünf Häuser in der Gartenstraße Nr. 92 „das lange Haus," Nr. 92a „das Querhaus," Nr. 92b „das Schulhaus," Nr. 93 „das kleine Haus" und Nr. 94 „das Kaufmannshaus" jährlich jetzt über 8000 Thaler einbringen — eine ganz enorme Summe, wenn man den inneren Zustand dieser Häuser kennt, wo, wie der würdige Pastor Kuntze in seiner schon erwähnten Broschüre mit Recht sagt, der Sammelplatz des größten leiblichen und geistigen Elends ist.

Es war an einem schönen, sonnenleuchtenden Frühlingsmorgen des vergangenen Jahres, als ich eines dieser grauen, kasernenartigen Gebäude besuchte. Die langen Fensterreihen und die vielen aufeinandergesetzten Stockwerke werden dem Leser wenigstens aus der nach der Straße zugekehrten Front bekannt sein. Im grünen, duftigen Laube des Thiergartens sangen die Nachtigallen und Grasmücken, und Millionen glänzender Sonnenbildchen funkelten und schimmerten auf den grünen, frischen, noch nicht vom Staub und von der Hitze gelbgefärbten Blättern. Auf dem weiten, wüsten Sandplatz, der den inneren Hofraum des grauen, dunkeln Hauses bildete, blühte keine Blume und rauschte kein Blatt. Weder der heitere Frühling, noch der grüne Sommer, noch der gelbe Herbst leiht dieser einförmigen, grauen Fläche seine Farben, nur der Winter ist mitleidig gegen die armen Leute, er breitet seine weiße, glänzende Schneedecke überall aus, während die anderen Jahreszeiten hochmüthig und achselzuckend vorübergehen. In dem Sande spielten hunderte von zerlumpten Kindern, baarfuß, ohne Schuhe und Strümpfe. Die Kinder waren noch nicht acht Jahre alt, denn, wenn sie das achte Jahr erreicht haben, dürfen sie hier nicht mehr spielen, sondern müssen in die Fabrik gehen, und mit ihren kleinen, zarten Fingern Garn haspeln. Eine Frau saß mitten auf dem Hofe in einem sonderbaren Häuschen, und verkaufte Blumen und Kirschen; aber ich

sah keinen Menschen, der ihr eine Blume oder eine Kirsche
abkaufte. Ihr Haus bestand in einer großen, gerade
aufgerichteten Tonne, aus der der obere Boden und die
vordere Wand herausgeschlagen waren, und der sie ein
Dach von grauer Sackleinwand in der Form einer spitzen
Mütze aufgesetzt hatte. Rechts auf dem Hofe stand ein
kleines, einstöckiges Haus, welches nur aus einer ein=
zigen Stube bestand. Ich trat hinein. Es war die
Wohnung des Verwalters oder Inspectors des Fami=
lienhauses.

Die Stube war durch eine hölzerne Barriere in
zwei Theile getheilt. Hinter der Barriere saß auf einem
Schemel an einem kleinen Pulte ein alter, magerer Mann,
ein paar große Registerbücher vor sich liegend. Um sei=
nen halbkahlen Kopf flatterten einige spärliche graue
Haare, die er, als er die Mütze abnahm, mit Mühe zu=
sammenstrich. Der Mann war eine verwitternde Ruine,
bei der der Mörtel das Gestein kaum mehr zusammen=
zuhalten im Stande ist, und welche die geringste Er=
schütterung in Trümmer stürzt. Der Mann war Sol=
dat gewesen, hatte die französischen Kriege in den Jahren
1813, 1814 und 1815 mitgemacht, und war dann als
Invalide mit zwei Thalern monatlicher Pension entlassen
worden. In dem Knopfloch seines wenigstens zehn Jahre
alten Rockes war das Bändchen der Waterloomedaille
eingebunden. Als Inspector des Familienhauses hatte
er mit 16 Thalern monatlichem Gehalt eine kümmerliche
und magere Ruhestätte gefunden. Ich setzte mich auf
einen zweiten Schemel des sogenannten Comptoirs und
suchte mit ihm ein Gespräch über die Verwaltung seines
Amtes und die Zustände des Familienhauses zu begin=
nen. Der Mann war aber so gleichgültig, daß er kaum
Lust hatte, mir zu antworten, und nur nach mehrmali=

gem Fragen über denselben Gegenstand konnte ich ihn zu einer Aeußerung vermögen.

„Worin besteht denn hier eigentlich Ihr Amt?" fragte ich den alten Mann.

„Ich controllire die Seelen," war die Antwort.

Ich horchte verwundert auf. Wenn ein Leibeigenen-Aufseher in Rußland oder ein Sklavenvogt in den südlichen Staaten der amerikanischen Union mir diese Antwort gegeben hätte, hätte ich mich nicht gewundert, aber hier, in einem constitutionellen Staate, dicht vor den Thoren der sogenannten Metropole der Intelligenz, Staatsbürger „Seelen" genannt zu hören, das klang mir doch märchenhaft sonderbar. „Die Seelen?" wiederholte ich fast mechanisch.

„Nun ja, die Seelen," sagte der Mann, „die hier im Hause wohnen; wir rechnen nach Seelen..."

„Wie groß ist die Zahl der Miether, oder die der Seelen, wollte ich sagen, denn jetzt?"

„Heute sind es 1021 Seelen. 146 Familien machen 1021 Seelen aus. Zwei Drittel von diesen sind junge Seelen.

Das war für mich eine ganz neue Nomenclatur, welche gewiß noch in keinem Wörterbuche der deutschen Sprache vorkommt. „Was sind denn junge Seelen?" fragte ich neuerdings.

„Nun die Kinder. Je mehr junge Seelen die Leute hier haben, desto besser stehen sie sich."

Wieder machte ich ein erstauntes Gesicht. Der Mann sah mich ungeduldig an, daß ich sein Deutsch und seine Begriffe nicht verstand. Bisher hatte ich immer geglaubt, daß es für arme Leute ein Unglück und ein Grund ihrer Armuth sei, viel Kinder zu haben; der alte Mann stellte den Satz gerade auf den Kopf und erklärte ihn so für richtig. „Warum sind denn die jungen Seelen ein Glück für die armen Leute?" fragte ich wieder."

„Weil sie arbeiten und Geld verdienen. Von ihrem achten Jahre an arbeitet die Seele im Hause und vom vierzehnten Jahre an in der Fabrik. Wenn nun Jemand 10 Seelen täglich arbeiten läßt, und nun jede Seele täglich 5 Silbergroschen verdient, rechnen Sie mal nach, was das einbringt. Sehen Sie mal aus dem Fenster, es schlägt jetzt $^1/_4$ auf 1 Uhr, die Seelen müssen sogleich aus den Fabriken über den Hof kommen."

Ich sah aus dem Fenster. Haufenweis und truppweis zogen Hunderte von unerwachsenen Kindern an dem Comptoir des Seelenwächters vorüber, bleich, armselig gekleidet, Knaben und Mädchen, viele in Lumpen, viele ohne Strümpfe und Schuhe. Sie liefen nicht, sie jagten sich nicht, sie jauchzten und schrieen nicht, wie fröhliche Kinder, welche die Schulstunden hinter sich haben und die übrigen Stunden des Tages mit Spielen und Umherlaufen verbringen, sondern sie gingen langsam und ruhig vorüber, wie erwachsene und verständige Menschen, um das kärgliche Mittagsmahl bei ihren Aeltern und Angehörigen einzunehmen, wenn es überhaupt ein Mittagsessen gab, und nach einer halben Stunde neuerdings wieder in die Fabrik zu gehen, und die eintönige Arbeit des Morgens für den Lohn einiger Silbergroschen fortzusetzen. Von allen Kindern ging auch kein einziges an das Tonnenhaus der Obsthändlerin heran, um für einige Pfennige Kirschen zu naschen, oder sich ein Blümchen zu kaufen. Die jungen Seelen mußten ja jeden Pfennig Geld, den sie erarbeiteten, jeden Abend an ihre Erzeuger abliefern. Morgens um 6 Uhr begann ihre Arbeit und endigte Abends nach 7 oder 8 Uhr. Alle Freuden und glückliche Stunden der Kindheit gingen in dieser zwölfstündigen Arbeit auf, und wurden vom Haspel und vom Spinnrade consumirt, die jugendliche Fröhlichkeit und der kindliche Sinn schwanden in dem Geräusch der Maschinen und vor dem strengen Blick des Werkmeisters, der darauf achten muß, daß in jeder Stunde auch das verlangte Pensum abgehaspelt oder abgewickelt wird. Was hilft gegen diese Ausbeutung der Kinderjahre das Gesetz über die Beschäftigung der jugendlichen Arbeiter in den Fabriken, nach welchem die Tagesarbeit von 5½ Uhr Morgens bis 8½ Uhr Abends mit einer Vormittags- und Nachmittagspause von je einer halben Stunde festgestellt wird, nach welchem Kinder unter dem vierzehnten Jahre täglich nur 6 Stunden beschäftigt werden können? Gar nichts! Wer hat Lust oder die Befugniß, den Arbeitgeber zu controlliren, wenn die Aeltern der unglücklichen Kinder mit ihm gemeinschaftliche Sache machen? Oder ist eine täglich fünfzehnstündige Arbeit für ein vierzehnjähriges Kind nicht schon eine entsetzliche Anstrengung? In der Mitte der Sandwüste trennten sich die jugendlichen Arbeiter und Arbeiterinnen, manche schauten sehnsüchtig nach den Blumen und Kirschen der Obstfrau hinüber, und zerstreuten sich in die verschiedenen Thüren und Gänge der großen, grauen Häuser. — Ich schloß das Fenster und setzte mich wieder auf meinen Schemel.

„Kann denn Jeder hier bei Ihnen eine Wohnung finden, wer will?" fragte ich den Inspector weiter.

„J bewahre," erwiderte er. „nur der, welcher im Voraus bezahlt, wer Sachen hat, und vorher nicht anderswo exmittirt ist."

Also ganz, wie in den großen Häusern der Stadt, dachte ich, nur mit dem Unterschiede, daß der Miether hier Kinder haben kann, soviel er will, und die Kinder ihm sogar zum Wohlstande angerechnet werden.

„Wer wohnt denn eigentlich in Ihren Häusern, und was bezahlen die Seelen?" fragte ich weiter,

„Lauter Weber und alte, arbeitsunfähige Leute," war die Antwort. „Ein Weber verdient höchstens fünf Silbergroschen den Tag, und kann deshalb auf die Wohnung nicht viel verwenden. Für die Kellerstuben wird 1 Thaler, für die Dachstuben ebenfalls 1 Thaler, für die Stuben im ersten, zweiten und dritten Stock 1½ bis 2 Thaler monatlich bezahlt. Wer nicht ganz pünktlich bezahlt, wird sofort exmittirt und seine Sachen einbehalten. Hier stehen sie Alle in meinem Buche, und monatlich controllire ich die Seelen, die zahlungsunfähig sind.

Mein Erstaunen wuchs von Neuem. Unwillkührlich brach ich in die Worte aus: „Da braucht man wahrhaftig ja nicht in das Erzgebirge zu reisen, um bei den dortigen armen Webern und Spinnern menschliches Elend zu sehen!"

„Das haben Sie auch gar nicht nöthig," erwiderte der Mann. „Gehen Sie nur in das Familienhaus. Siebert, Siebert, komm mal her!" rief er dann mit einer rauhen und starken Stimme, welche ich ihm gar nicht zugetraut hätte, aus der Thüre seines Comtoirs auf den Hof.

Siebert kam. Er war ein alter, aber noch kräftig aussehender Mann mit krausem Haar, in Leinwandhosen und Hemdeärmeln, auch ein Invalide, das Factotum des Inspectors.

„Siebert, führe den Herrn mal in die einzelnen Stuben, aber zu den ordentlichen Leuten," sagte der Inspector.

Ich verabschiedete mich von dem Verwalter des Familienhauses und trat in Sieberts Begleitung meinen Weg an. Auch Siebert trug das Bändchen der Waterloomedaille im Knopfloch seiner Weste, lebte von seinen zwei Thalern monatlicher Pension und dem, was er so nebenbei verdiente, und hielt seinen Kameraden, der für 16 Thaler die Seelen controllirte, für einen beneidenswerthen Menschen. Ueber den großen, wüsten Sandplatz, an der Obsthändlerin in ihrer Tonne vorüber, gingen wir in das gegenüber liegende Haus und stiegen in das erste Stockwerk hinauf. Die Treppe war eng und die einzige Treppe im Hause, sie nahm nur die Breite eines Fensters ein, also nur die Hälfte einer Stube, und verminderte den jährlichen Miethsertrag auf diese Weise also für jedes Stockwerk höchstens um zwölf Thaler. Der Treppenflur war ganz dunkel; denn an den Treppenfenstern fehlten die Scheiben und diese waren durch vorgenagelte Bretter ersetzt. Während wir im Zwielicht die Treppe hinaufstiegen, bemerkte mein Cicerone erklärend:

„Sehen Sie, die jungen Seelen schlagen die Scheiben doch nur ein, da haben wir denn statt der Scheiben Bretter vornageln lassen."

Das Auskunftsmittel war zu naiv erfunden, um auf diese Erklärung Etwas zu erwidern. Von dem Treppenflur liefen schmale Gänge aus, so eng, daß nicht zwei Menschen nebeneinander gehen konnten, an denen die Eingänge zu den vordern und hintern Stuben lagen. Die Wände hatten, so viel ich im Zwielicht sehen konnte, einen gelben Ockeranstrich, der indeß an den meisten Stellen heruntergefallen war. In einem dieser halbdunkeln Gänge öffnete mein Führer eine Thüre, und wir traten in eine Stube.

Die Stube hatte eine Länge von höchstens sieben, eine Breite von ungefähr fünf Schritten und erhielt ihr Licht durch zwei schmale Fenster. Die Wände hatten auch hier den gelben Okeranstrich, wie die Gänge, an vielen Stellen war der Kalk von den Wänden gefallen, an andern war er dem Herunterfallen nahe. In der übrigens mit großer Sauberkeit und Ordnungsliebe aufgeräumten Stube war jedes Plätzchen und jeder Winkel so besetzt, daß wir Mühe hatten, für unsere vier Füße einen Raum zu finden, um stehen zu können. Zwei große Webestühle nahmen den Raum an beiden Fenstern und die Hälfte der ganzen Stube ein. Hinter jedem Stuhle saß ein junger Mann in Hemdärmeln und arbeitete thätig darauf los. Zwischen beiden Webstühlen saß ein Kind von vielleicht sieben Jahren und war emsig mit dem Haspeln von Garn beschäftigt. Es war eine junge, arbeitende Seele. Neben ihr saß eine Frau und drehte das Spinnrad. Sie konnte höchstens dreißig Jahre alt sein; denn sie war die Frau des einen jungen Mannes hinter dem einen Webestuhl; aber sie hatte das Aussehen einer Vierzigerin. In einer Proletarierfamilie muß die Frau am Meisten und am Anstrengendsten arbeiten, denn außerdem, daß ihr die Sorge für die Bewirthung und Verpflegung der ganzen Familie auf dem Halse liegt, muß sie auch zum täglichen Erwerbe mithelfen, und also alle Tage zehn bis zwölf Stunden am Webestuhl oder am Spinnrade zubringen. Die Stunde der Erholung, welche der Mann, eine Dreiercigarre rauchend und vor der Hausthüre stehend, vor dem Schlafengehen zubringt, wird auch bei ihr durch die Sorge für die kleinen Kinder in Anspruch genommen. Eine solche Proletarierfrau ist das gedrückteste und gequälteste Geschöpf auf der Erde, die weiße Sclavin der modernen

Zeit. Der Mann heirathet sie häufig nur, um ihre Arbeitskräfte auszubeuten, und da die Kinder für die armen Leute ein Erwerbsmittel sind, muß sie, wie die schwarze Sclavin in den südlichen Staaten der amerikanischen Union, auch im Kindergebären so productiv wie irgend möglich sein, wenn sie in der Gunst ihres Herrn, nämlich ihres Mannes, bleiben will, für dessen üble Launen sie der einzige Gegenstand ist, woran er sie auslassen kann. Wenn die Proletarierfrauen dann früh alt werden und mit vier und zwanzig Jahren aussehen, als wären sie vier und vierzig, so ist das kein Wunder. Auch diese Frau, die hier am Spinnrade saß, trug den Stempel ihrer Sclaverei auf ihrem Gesichte und auf ihrer ganzen, schon verfallenden Gestalt. Sie hatte sechs Kinder, von denen das, was neben ihr am Garnhaspel mit den zarten, kleinen Fingern arbeitete, das jüngste war. Die übrigen fünf Kinder standen alle in dem Alter von neun bis vierzehn Jahren, und arbeiteten sämmtlich bereits in einer Fabrik. Der junge Mann drüben am andern Webstuhle wohnte in der Stube, wie man in Berlin zu sagen pflegt, mit ein, und war noch unverheirathet. Es wohnten also neun Menschen in dem engen kleinen Raum. Eine Kommode, ein Tisch und einige Stühle von Birkenholz, zwei Betten und allerlei Gerümpel nahmen den übrigen Theil der Stube ein, den ein großer Ofen übrig ließ. Dieser Ofen diente zugleich als Feuerheerd, Küche und zur Erwärmung der Stube. Es war draußen eine Wärme von 20 Grad Reaumur im Schatten, und hier drinnen brannte ein Feuer im Ofen, denn es war Mittagszeit und es mußte gekocht werden. Die Hitze und der Dunst in der Stube waren fast unerträglich, obschon beide Fenster geöffnet waren. Keine Stube im Familienhause hat nämlich eine Küche; die Küche würde ja Raum wegnehmen, und da sie nicht zu dem Preise einer Stube vermiethet werden kann, würde sie den Miethszins verringern. Im Lande und auch in der Stadt kommt häufig der fromme Glaube zum Vorschein, die Familienhäuser seien eine wahre Wohlthat für die armen Leute und zum Nutzen derselben aufgebaut. Die Erbauer haben niemals daran gedacht. Speculation war der einzige Gesichtspunkt bei der Erbauung der Häuser, wie sie es noch heute bei der Verwaltung ist. Der Uebelstand, daß keine Stube eine Küche hat, ist eine wahre Tortur für die unglücklichen Bewohner. Im Sommer ist es in den Stuben deshalb vor Hitze nicht auszuhalten und im Winter, wo die Fenster nicht geöffnet werden können, vor Dunst nicht. Wenn in demselben Raume neun Menschen wohnen, essen, trinken und schlafen und für diese neun Menschen noch gekocht wird, wenn während des Winters dazu der Ofen geheizt wird und die Fenster verschlossen sind, wie enorm muß der Stickstoffgehalt dieser Luft sein, welche durch den Verbrennungsprozeß und durch das Athmen von neun Menschen erzeugt wird, und dies um so mehr, weil durch den im Winter nothwendigen Verschluß der Fenster die freie Ventilation der äußern Luft ja gänzlich ausgeschlossen ist. Dem Uebelstande ließe sich leicht zumal dadurch abhelfen, daß man in jedem Familienhause mehrere gemeinsame Küchen erbaute, und jeder Familie in jeder Stube eine Feuerstelle zuweise. Es geschieht natürlicherweise nicht, weil es der Speculation der Eigenthümer der Häuser nicht vortheilhaft ist, welche die Stube zu einem höhern Miethszins ausbringen können, als eine Feuerstelle. Was geht die Eigenthümer des Hauses die Gesundheit der Bewohner an? Der Inspector im Comptoir am Eingange hat nur zu controlliren, daß die Miethe regelmäßig monatlich gezahlt und daß an den

Wänden, Fenstern und Thüren nichts ruinirt wird; über den Gesundheitszustand der Seelen in den engen, gelben Stuben hat er in seinen Büchern kein Register offen. Ich sprach mit den beiden Webern am Fenster und mit dem armen Weibe am Spinnrade darüber; auch sie erklärten diesen Uebelstand, abgesehen von allen andern Uebelständen, für unerträglich und für die Gesundheit höchst nachtheilig; aber was sollten sie machen! Der geringe Verdienst einiger Groschen bannte sie in diesen engen Raum. Die Armuth war das unsichtbare Band, was sie an die dunstige, heiße Stube fesselte; sie war die Kette, welche sie unauflöslich von der Wiege bis zum Grabe mit sich schleppen mußten. Wenn ihnen die Wohnung nicht gefiel, konnten sie sich ja eine Wohnung für mehrere hundert Thaler in den schönen Häusern in der Stadt miethen — das war die einzige Erwiderung auf ihre Klagen, die allmälig von selbst verstummten, da sie fruchtlos waren.

Das Factotum mit der Waterloomedaille, also auch ein Stück von Verwaltungsmitglied, zuckte die Achseln, ich vertheilte unter sie die kleine Münze meines Portemonnaies, und wir gingen hinaus. Die Webstühle klapperten hinter uns, das Spinnrad und der Garnhaspel schnurrten, um die verlorenen Minuten wieder einzubringen, und wir stiegen aus dem ersten Stocke nach dem Parterre auf der schmalen, dunklen Treppe herunter. Ich hatte die ordentlichen Leute in der Belle=Etage des Hauses gesehen, ich wollte nun die Seelen in der Kellerwohnung besuchen.

Aus dem Parterre des Hauses stiegen wir auf einigen gebrechlichen Stufen in die Kellerräume hinab. Der Gang war hier noch enger und düsterer, die Wände in noch schlechterem Zustande. Eine schmale, gebrechliche

Thüre führte uns in die Kellerstube. Sie hatte die Größe der Stuben in den oberen Räumen, aber sie war weit niedriger und in der Abpuhung der Wände und der Decke weit schlechter gehalten. Ein großer Ofen mußte auch hier doppelte Zwecke erfüllen. Die Fenster lagen zur Hälfte unter dem Niveau des Sandplatzes vor dem Hause. Die Wände waren ganz schmucklos, ohne Spiegel und ohne Bild. Möbel bemerkte ich außer zwei Betten, einem wackligen Tisch und einigen alten Stühlen gar nicht in der Stube. Von einer Kommode oder einem Kleiderspinde war keine Rede. Das Letztere war auch ganz überflüssig; denn die armen Weiber, die die Stube bewohnten, hatten gewiß keinen weiteren Anzug, als die Lumpen, die sie auf dem Leibe trugen. Ein junges, hübsches Mädchen stand am Ofen und war mit dem Mittagessen beschäftigt. Sie war gerade aus einer Kattunfabrik gekommen, wo sie wöchentlich für eine täglich zehnstündige Arbeit 22½ Silbergroschen verdiente. Auf den Tag macht das 3 Silbergroschen und einige Pfennige. Davon mußte das arme Geschöpf sich Kleider, Wohnung und Beköstigung verschaffen. Da die Stube monatlich einen Thaler Miethszins kostete, und sie mit acht armen alten Weibern zusammenwohnte, betrug ihr Miethszins monatlich nur etwas über 3 Silbergroschen. Sie trug einen kattunen, durchsichtigen Rock, ihr weißer Hals und ihre schön geformten Schultern waren mit einem weißen, reinen Hemde bekleidet. Sie ging zur Wand, wo sie die Kattunjacke aufgehängt hatte, und zog diese wieder an. Vater und Mutter waren ihr früh gestorben, sie war bei mitleidigen Nachbarsleuten, die auch im Familienhause wohnten, groß geworden, und hatte bis zum vierzehnten Jahre täglich 6 Stunden, und dann täglich 10 bis 12 Stunden die Kattunfabrik besucht. Eine Freude oder ein Ver=

gnügen hatte sie gewiß nie in ihrem Leben gehabt; das Leben bot ihr auch keine Aussicht auf eine Aenderung ihrer Lage, wenn sie nicht vielleicht ein armer Seidenwirker oder Weber heirathete, und sie durch diese Heirath zu seiner Sklavin und zur Ernährerin eines halben Dutzend von Kindern machte. — Da war die eigene Existenz der Heirath noch vorzuziehen. Sie knöpfte züchtig ihre Jacke über ihre junge Brust zu. Kann man der Armen einen Vorwurf machen, wenn sie es nicht thut und wenn sie durch ein liederliches Leben sich eine menschliche Existenz zu verschaffen versucht? Drei alte Frauen waren gerade in der Stube anwesend, die übrigen waren in der Stadt, und beschäftigten sich mit dem Einsammeln von Knochen und Lumpen. Eine alte Frau saß am Spinnrade. Sie war bereits 75 Jahre alt. Ihr Mann war Soldat gewesen, hatte bei Leipzig und Waterloo gefochten; in dem Gefecht bei Montmirail war ihm das linke Bein abgeschossen worden und er hatte seit der Zeit eine Pension von 2 Thalern monatlich und die Concession erhalten, gegen Zahlung der Gewerbesteuer mit dem Leierkasten umherzugehen und zu betteln. Vor zwei Jahren war er gestorben. Die Frau ernährte sich seit der Zeit vom Spinnen, von dem, was ihr mitleidige Menschen schenkten und von 1 Thaler 15 Silbergroschen, welche sie gewöhnlich von der Armendirektion erhielt. Sie mußte aber alle Monate von Neuem darum einkommen, und jedesmal erhält sie vorher einen Besuch des Deputirten, der sich die Gewißheit darüber verschafft, ob die Frau wirklich des Almosens noch immer bedürftig sei. Die zweite alte Frau, die in der Stube umherschlich und drei Jahre älter war, beneidete sie darum. Sie kann, obschon sie kränklich ist und an einem offenen Schaden am Bein leidet, zu einer Armenunterstützung nicht gelangen, sondern lebt lediglich von dem Almosen, was ihr mitleidige Menschen in der Stadt gaben. „Wenn ich betteln dürfte," sagte sie zu mir, „würde ich mich schon besser ernähren, aber das Neue Strafgesetzbuch setzt ja auf das Betteln eine Gefängnißstrafe von mehreren Monaten, und ich will nicht im Arbeitshause sterben."

Ich hatte auch hier genug in der Kellerstube gesehen, vertheilte weiteres kleines Geld an das junge Mädchen und die arme, alte Frau, die sich darüber beklagte, daß sie nicht betteln durfte und ging mit dem Factotum in den finstern Gängen auf und ab. In den meisten Stuben, an deren Thüren ich vorüber kam, hörte ich das Weberschiffchen und das Spuhlrad oder den Garnhaspel rauschen; wenn ein Name an der Thüre angeschrieben war, las ich darunter fast immer die Worte: „Webergeselle," „Webermeister" oder „Seidenwirker." In einer Stube hörte ich kein Geräusch; obschon ich dasselbe Wort mit Dinte auf einem Zettel an der Thüre fand. Ich sah das Factotum fragend an; es begriff den Sinn meiner stillschweigenden Frage und sagte: „Er sitzt."

„Wo sitzt er und warum sitzt er?" fragte ich weiter.

„Im Arbeitshause. Er sollte die monatliche Miethe bezahlen, und konnte es nicht, weil er krank war und auch keine Arbeit hat. Seine Frau lag krank im Bette und der Inspector hatte die Exmissionsklage angestellt. Da ist er in die Stadt gegangen und hat gebettelt. Ein Constabler hat ihn dabei abgefaßt und nun sitzt er im Arbeitshause, wo er zu einer vierzehntägigen Strafe wegen Vagabondirens und Bettelns verurtheilt ist.

„Und die Frau und die Kinder?"

„Die hat der Stadtgerichts-Executor gestern auf die Straße gesetzt, weil sie drei Thaler Miethe nicht bezahlen konnten. Ich habe gehört, sie befinden sich auch im Arbeitshause, im Saal für Obdachslose. Die Stube ist wieder vermiethet an einen Seidenwirkergesellen mit einer Frau und neun Kindern; aber, da es eine große und schöne Stube ist, ist die Miethe um einen halben Thaler monatlich gesteigert."

Das Factotum erzählte mir diese ganze Summe von Elend und Unglück, als wenn es von einer ganz gleichgültigen Begebenheit spräche. Es begriff nicht, wie ich darüber nur in Verwunderung gerathen könne, und meinte, das käme hier alle Tage vor. Auf meine Frage, ob sich die Armendirection denn nicht darum bekümmere, entgegnete es, „da hätte dieselbe viel zu thun."

„Sehen Sie," fuhr er fort, „hier neben an wohnt bei mehreren anderen Leuten ein alter Webermeister von siebenzig Jahren mit ein. Der Mann ist brustkrank und unheilbar. Deshalb entlassen sie ihn auch immer aus der Charité, weil er ja doch einmal nicht kurirt werden kann. Weben kann der Mann nicht mehr mit seiner kranken Brust. Nun geht er bei den anderen Webern im Familienhause herum, und sucht das Garn zusammen, was sie nicht mehr brauchen können. Davon macht er Schürzenschnüre, und verkauft diese Schürzenschnüre heimlich in der Stadt. Er darf aber mit den Schürzenschnüren nicht hausiren gehen, weil er keine Concession zum Hausiren hat. Er könnte die Concession wohl bekommen, aber dieselbe kostet 12 Thaler, und wo soll der alte, kranke Mann 12 Thaler herbekommen; die hat er seit vielen Jahren nicht mehr zusammen gesehen, viel weniger besessen. Kriegen sie ihn dabei, so wird er bestraft und kommt in das Arbeitshaus. Aber er muß doch leben und von den 10 Silbergroschen, welche ihm die Armendirection monatlich giebt, nicht existiren. In das Hospital kann er auch nicht kommen, denn er hat gar keine Fürsprache. Seine Frau und seine Kinder sind vor vier Jahren an der Cholera sämmtlich gestorben; nur ein Sohn ist übrig geblieben, der ihm aber nichts geben kann, weil er selbst ein armer Webergeselle ist und im Stadtvoigteigefängnisse sitzt. Als vor einigen Monaten ein Constabler seinen Vater in der Stadt mit den Schürzenschnüren hausiren gehen sah, verlangte er sein Hausirpatent zu sehen, und als er ihm dies nicht zeigen konnte, wollte er ihn verhaften und auf die Polizei führen. Der Sohn kam zufälligerweise des Weges und widersetzte sich dem Constabler. Sie geriethen untereinander in Streit, es kam zu einem Handgemenge, der junge Mann wurde ergriffen und ist zu einer achtwöchentlichen Gefängnißstrafe wegen thätlicher Widersetzlichkeit gegen einen Abgeordneten der Obrigkeit verurtheilt worden, welche er jetzt in der Stadtvoigtei verbüßen muß. Solcher Geschichten könnte ich Ihnen ein Dutzend erzählen, wenn Sie sie hören wollen, aber eine ist wie die andere."

Der Mann hatte Recht: Eine ist wie die andere; nur das Elend bleibt immer dasselbe. Ich hatte auch vollkommen genug gesehen und gehört, ohne helfen zu können, da ich nicht Eigenthümer der Familienhäuser bin. Ich gab dem Factotum den Rest meiner Börse als Trinkgeld und eilte über die dunklen Gänge, die holperigen Treppen und über den wüsten Sandplatz bei der Obsthändlerin in ihrer Tonne vorüber, hinaus. Den Seelenwächter hörte ich in seinem elenden Comtoir mit lauter und heftiger Stimme schelten; er exmittirte zwei alte und zehn junge Seelen. Morgen lagen sie auf der Straße, oder, wenn ihnen das Glück günstig war, im Saal der Obdachlosen im Arbeitshause am Alexanderplatz.

Vor zwanzig und mehreren Jahren gab der in Berlin kürzlich verstorbene Sanitätsrath Dr. Thümmel eine Broschüre über die Familienhäuser im Voigtland heraus und beleuchtete dieselbe in sanitätspolizeilicher Hinsicht. Die Broschüre enthielt schreckliche Dinge und fürchterliche Ziffern und wurde kurz nach ihrem Erscheinen confiscirt. Die Zustände in den Familienhäusern aber blieben dieselben. Im Jahre 1843 erschien das Königsbuch der Frau Bettina von Arnim. Das Buch enthält weder Sonderbares noch Verkehrtes, wie der geistreichen und berühmten Verfasserin vielfach vorgeworfen ist. Das Buch ist eine Appellation von dem Elend der Armen in der Gegenwart an die Zukunftsreligion des Socialismus und trägt sehr sinnigerweise die Devise: „Das Buch gehört dem Könige." Es hat nur eine allerdings nicht sehr angenehme Eigenthümlichkeit, es ist in einem höchst sonderbaren Style geschrieben. Der zweite Band dieses Königsbuchs enthält ein schreckliches Anhangscapitel. Es führt den Titel: „Erfahrungen eines jungen Schweizers im Voigtlande," und erzählt eine Reihe von Schauergeschichten aus dem Leben in den Familienhäusern, Geschichten, wie ich sie aus dem Munde des Factotums hörte, oder sie selbst sah. Ich schließe diese Blätter aus dem Familienhause mit den Eingangszeilen dieses Kapitels; sie skizziren das Leben „der Seelen" in den ärmlichen Stuben des Familienhauses mit wenigen, aber scharfen Strichen:

„Der Vater webt zu Bett und Hemden und Hosen und Jacken das Zeug und wirket Strümpfe; doch hat er selber kein Hemd. Barfuß geht er und in Lumpen gehüllt."

„Die Kinder gehen nackt, sie wärmen sich eines an dem nadern auf dem Lager von Stroh und zittern vor Frost."

"Die Mutter hilft Spuhlen vom frühesten Tag zur sinkenden Nacht. Oel und Docht verzehrt ihr Fleiß, und erwirbt nicht so viel, daß sie die Kinder sättigen kann."

"Abgaben fordert der Staat vom Mann, und die Miethe muß er bezahlen, sonst wirft ihn der Miethsherr hinaus. Die Kinder verhungern und die Mutter verzweifelt."

"Ihr sagt zwar: "Es geht nicht zu helfen," ich sage: "Es geht doch." Ihr widersprecht und seid nicht zum Schweigen zu bringen mit hohlen Gründen der Philisterei. Wäret Ihr aber selber die Armuth, dann würdet Ihr allen Philisterverstand übertäuben mit dem Geschrei Eurer Noth."

Fünftes Kapitel.

Das Schuldgefängniß in der Köpnickerstraße.

Wer das Haus Nr. 39 in der Köpnickerstraße sich von Außen betrachtet, wird, wenn es ihm nicht gesagt wird, gewiß nicht auf den Gedanken kommen, daß dieses Haus das Schulrgefängniß des Berliner Stadtgerichtsbezirks ist, oder er müßte ein eigenes Talent zum Räthselrathen haben, und einzig und allein aus den Drahtgittern des Souterrains auf die Bestimmung des ganzen Hauses schließen. Die großen Fenster, die Spiegelscheiben und das einzige Stockwerk, woraus die Fronte des Hauses besteht, lassen bei dem Beschauer sonst keine Gefängnißgedanken aufkommen. Auch der Hausflur, der Treppenaufgang und die Corridore, welche sich dem Eintretenden präsentiren, lassen ebensowenig Gefängnißvermuthungen entstehen, wie die Blicke auf den hinter dem Hause befindlichen, recht hübsch angelegten und ziemlich großen Garten. Am Treppenaufgang steht sogar ein großer Oleanderbaum.

Trotzalledem ist dieses Haus das Schuldgefängniß. Es gehört dem Buchdrucker Moeser, und ist von diesem zur Vollstreckung der Schuldhaft auf eine Reihe von Jahren für einen nicht hohen Miethszins vermiethet

worden. Das Haus qualificirt sich in seiner ganzen
Einrichtung recht gut zur Wohnung eines wohlhabenden
Privatmannes; zum Schuldgefängniß qualificirt es sich
nur, wenn die Zahl der Schuldgefangenen einige Dutzende
nicht übersteigt, sonst ganz und gar nicht: denn es enthält, außer der Wohnung des Inspectors und dessen
Büreauzimmer, im Souterrain nur zehn, im ersten Stock
sechs größere oder kleinere Zimmer und außerdem drei
Bodenzimmer. In diesen neunzehn Zimmern sind siebenzig bis achtzig Menschen einquartirt, so daß vier, sechs,
auch acht Personen jedesmal ein Zimmer bewohnen
müssen. Außer den Souterrainzimmern, welche, weil sie
niedriger sind und vergitterte Fenster haben, gefängniß-
artig aussehen, sind die übrigen Räume hoch, hell und
geräumig. Sie haben Tapeten, große Fensterscheiben
und hie und da Goldleisten und gestrichenen Fußboden,
Ueberbleibsel der früheren Einrichtung. Das Meublement ist natürlich dem nicht entsprechend, und besteht für
jedes Zimmer aus einem großen, gestrichenen Holztisch
mit einigen irdenen Krügen, zinnernen Trinkbechern und
ebensolchen Waschbecken; ferner aus einem halben Dutzend
Holzstühlen sowie aus mehreren eisernen Bettstellen mit
Strohsäcken, Strohpfühlen und wollenen Decken, je nach
der Zahl der das Zimmer bewohnenden Personen.

In eines dieser Zimmer wird der Schuldgefangene,
nachdem er von dem ihn einbringenden Executor dem
Inspector vorgestellt ist, und nachdem er bei demselben
Uhr, Kostbarkeiten und Geld, wenn er dergleichen besitzt,
deponirt hat, einquartirt. Wo dieses geschieht, wen er
zu seinen Stubengenossen oder zu seinen Mitgefangenen
erhält, hängt davon ab, wo und in welchem Zimmer
Raum ist; jedenfalls nimmt der Inspector bei der Bestimmung darüber auch auf die Persönlichkeit des Ge-

fangenen die nöthige Rücksicht. Wenn er sich in dem ihm angewiesenen Zimmer befindet, wird die Thüre hinter ihm zugeschlossen, und er hat die vollständige Freiheit, in der Stube zu thun und zu lassen, was er will, sobald es nicht gegen die Paragraphen der Hausordnung anstößt. Er kann sich mit seinen Mitgefangenen unterhalten, kann auf die Hartherzigkeit seines Gläubigers schelten, kann die Zulässigkeit und Zweckmäßigkeit des Personalarrestes theoretisch mit sich oder mit seinen Mitgefangenen erörtern, er kann sich mit literarischen Arbeiten beschäftigen, wenn diese keine politischen Gegenstände betreffen und nicht für Zeitungen geschrieben werden, er kann Bücher lesen, doch nur diejenigen, welche in dem Büreauzimmer des Inspectors die Censur passirt haben, er kann sich zu Bett legen und schlafen, aber nur, wenn die Uhr zehn geschlagen hat, er kann sogar allein oder mit seinen Mitgefangenen alle möglichen Spiele spielen, sofern dieselben nicht unter die Kategorie der „Karten- und Würfelspiele" fallen; kurz, er ist innerhalb der Grenzen der Hausordnung und innerhalb der Wände seines Zimmers ganz sein eigener Herr; er darf das Zimmer jedoch außerhalb der Freistunden nicht verlassen.

Will er selbst für seine Beköstigung sorgen, so steht ihm dies völlig frei, er kann, wenn er will, bei dem ersten Restaurant der Stadt kochen, und sich täglich eine Tafel von zwanzig Gängen herein bringen lassen — es ist dies die erste Bestimmung, worin das Berliner Schuldgefängniß dem theoretisch richtigen Begriff der Schuldhaft entspricht — nur in Betreff der Weine, welche er zu trinken gedenkt, darf er ein bestimmtes Quantum nicht überschreiten. Hat er keine Mittel, sich selbst zu beköstigen, oder, will er diese nicht dazu verwenden, so muß der Gläubiger für seine tägliche Ernährung Sorge tragen. Diese Kost ist denn freilich sehr kärglich und geht über wirkliche Gefängnißkost wenig oder gar nicht hinaus. Sie besteht Morgens und Mittags aus einer Suppe, welcher jedesmal ein Stück Brod hinzugefügt wird. Sonntags wird außerdem ein Stückchen Rindfleisch verabreicht. Damit ist die Alimentation des Schuldgefangenen, der sich im Schularrest nicht selbst beköstigt, zu Ende; er erhält jedoch, wenn er es selbst bezahlt, auch eine Tasse Caffe, ebenso Butter, Taback und Schnupftaback. Die Cigarre oder die Pfeife darf er freilich nicht in der Stube selbst, sondern nur in der Freistunde rauchen. Dem Schuldgefangenen ist es ferner gestattet, Briefe zu schreiben und zu empfangen, ohne daß der Inhalt censirt und controllirt wird — es ist dies ein zweiter Punkt, worin das Berliner Schuldgefängniß die richtige Theorie der Schulchaft stricte einhält — und Wasser trinken, soviel er Neigung hat. Die Freistunden für die männlichen Gefangenen sind in den Monaten April bis September die Stunden von 8—9 Morgens, 2—3 Nachmittags und 5—6 Uhr Abends, in den Monaten October bis März, Morgens 8—9 Uhr, Nachmittags 2—3 Uhr. Die weiblichen Gefangenen haben ihre sep. Freistunden in den Monaten April bis September Morgens 9—10, Nachmittags 3—4, Abends 6—7, in den Monaten October bis März Morgens 9—10, Nachmittags 3—4. In diesen Stunden dürfen die Gefangenen in dem hinter dem Hause befindlichen Garten, oder wenn es regnet, unter einer bedeckten Halle spazieren gehen: wenn sie für den Garten oder für die Halle kein Interesse haben, können sie die Zeit auch auf dem Corridor oder in einem andern, zu dem Zwecke im Hause eingerichteten Zimmer zubringen, jedenfalls sind sie gehalten, ihre Stube in den Freistunden zu verlassen.

Zwei Tage in der Woche bilden in diesem immer-
wiederkehrenden Einerlei eine Ausnahme, es sind der
Mittwoch und der Sonnabend. An diesen beiden Tagen
können die Gefangenen in den Morgenstunden von 8 bis
10, und in den Nachmittagsstunden von 2 bis 4 Besuche
annehmen. In der Stube, wo der Schuldgefangene inhaftirt ist, darf dies nicht geschehen, sondern die Gefangenen und die Besucher werden in ein besonderes Zimmer
geführt. Das Zimmer sieht aus, wie die andern; Tapeten, Goldleisten, gebohnter Fußboden und dieselbe dürf-
tige Einrichtung, ein Holztisch und einige Holzstühle.
Hier stehen die Gefangenen und ihre Besucher in der
ungemüthlichsten Weise umher; gewöhnlich ist ein Aufseher im Zimmer, damit den Gefangenen keine Speisen
und Getränke zugestellt werden, welche die Paragraphen
der Hausordnung verbieten. Von irgend einer angenehmen oder auch nur die nöthigsten Privatverhältnisse be-
rührenden Conversation kann natürlich in einem Gemach,
wo so viele Menschen umherstehen und Einer den Andern
geniren muß, gar keine Rede sein. Jeder geht, sobald
er das Nöthigste besprochen hat; denn der Aufenthalt ist
zum Bleiben durchaus nicht einladend, und Angenehmes
haben die Besuche, welche in dieser Art und Weise ab-
gestattet werden müssen, weder für den Besucher, noch
für den Gefangenen.

Dies ist, mit wenigen Strichen skizzirt, das Leben
im Berliner Schuldgefängniß. Es währt so lange, bis
der Gläubiger die Geduld verliert und in die Entlassung
des Schuldners willigt. Wenn jedoch die Gefangenschaft ein volles Jahr gedauert hat, ohne
daß die Befriedigung des Gläubigers erfolgt ist, so kann
der Schuldner auf seine Entlassung antragen. Bei der
Berechnung dieser einjährigen Haft ist es gleich-

gültig, ob sie von einem oder mehreren Gläubigern extrahirt worden ist, oder ob sie mit oder ohne Unterbrechung vollstreckt wird. Die Entlassung des Schuldners muß dann verfügt werden, wenn der Gläubiger nicht im Stande ist, nachzuweisen, daß Wahrscheinlichkeit vorhanden ist, durch fortdauernden Arrest ihm ein Mittel der Befriedigung zu gewähren, oder, daß der Schuldner durch einen unmoralischen Lebenswandel sein Zahlungsunvermögen sich zugezogen hat. Beide Ausnahmsfälle, wo die Schuldhaft also über den Zeitraum eines Jahres verlängert werden kann, werden selten vorkommen, sie sind indeß möglich, und sind auch, meines Wissens, einige Male vorgekommen. Liegen indeß Wechselschulden vor, so kann die Schuldhaft fünf Jahre dauern. Verlängerung der Wechselhaft ist ebenfalls in den angegebenen beiden Ausnahmsfällen möglich.

Ueber die Art und Weise, wie der Personalarrest vollstreckt werden soll, hat die Preußische Schuldgesetzgebung sehr wenige, und überdies der Jetztzeit nicht entsprechende Bestimmungen. Die Allgemeine Gerichtsordnung sagt: „Es muß der Creditor, wenn sich ergiebt, daß der Schuldner wegen Krankheit, Alters oder sonstigen Unvermögens sich seinen Unterhalt im Gefängnisse auf eine erlaubte Art nicht verdienen kann, demselben die nach den Umständen, jedoch nur zur äußersten Nothdurft, von dem Gericht zu bestimmenden Alimente reichen, und dieselben dem Gefängnißwärter oder Vorsteher des Arbeitshauses wöchentlich zu Voraus bezahlen." Es heißt dort ferner: „Es ist nicht Sache der Gefangenanstalt, sondern des Gläubigers, seinem Schuldner im Gefängniß die Gelegenheit und die Mittel zur Arbeit, für welche er sich eignet, zu verschaffen, damit dieser seine Alimente dadurch selbst verdienen könne."

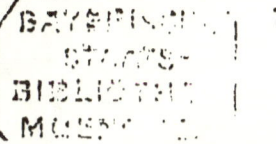

Und endlich: „Zu den von dem Gläubiger zu tragenden Kosten für die Verhaftung seines Schuldners gehören auch die Heizungs- und Reinigungskosten für das Gefängniß."

Mit diesen wenigen Sätzen ist die Allgemeine Gerichtsordnung in Betreff der Art und Weise der Vollstreckung des Personalarrestes zu Ende. Die weitere Gesetzgebung über diesen Punkt besteht in einigen Cabinets-Ordres und Ministerial-Rescripten, welche die Freistunden der Schuldgefangenen auf vier, resp. drei Stunden beschränken, das tägliche Alimentationsquantum auf 5 Sgr. festsetzen, und die Entlassung des Schuldgefangenen für den Erkrankungsfall anordnen, sowie in dem Circularrescript des Justizministers vom 24. Oktober 1857, verbunden mit einer Instruction für die Beamten der Schuldgefangenanstalt. Letztere geht jedenfalls von einem unrichtigen Princip aus, indem sie Schuldhaft mit Gefängnißhaft confundirt, und nicht berücksichtigt, daß der Personalarrest, wenn derselbe nun einmal beibehalten werden soll, nur in der Entziehung der persönlichen Freiheit des Schuldners bestehen darf. Abgesehen also von der Confundirung jener beiden Begriffe, die sich vornämlich darin zeigt, daß dem Schuldgefangenen nicht blos die Thüre seines Gefängnisses, sondern auch die Thüre seines Humors verschlossen wird, und nur sogenannte Freistunden gestattet werden, sind die Vorschriften der gedachten Instruction ziemlich human. Sie bestimmt, daß Schuldgefangenen diejenigen Gegenstände zu belassen sind, welche Personen ihres Standes zu besitzen pflegen, und schreibt bei Belegung der Gefangenstuben Berücksichtigung des Alters, des Standes und der Bildung der Gefangenen vor. Sie gestattet denselben Besuche im Gefängniß, ohne die Gegenwart eines Aufsichtsbeamten zu empfangen, sowie zu lesen und zu schreiben, was sie wollen; sie verbietet die Visitation der dem Schuldner zugehenden Naturalien, und verlangt, daß jedem Gefangenen anständig von den Officianten begegnet und ihm diejenige Benennung in der Anrede beigelegt werde, welche ihm nach seinem Stande zukommt. Sie untersagt die Bestrafung der Schuldgefangenen, und schreibt seine sofortige Entlassung vor, sobald er erkrankt.

Die Frage der Rechtmäßigkeit und Zweckmäßigkeit des Personalarrestes ist eine im Privatrecht fast eben so oft erörterte Frage, wie die Frage der Rechtmäßigkeit und Zulässigkeit der Todesstrafe im Strafrecht. Es sind darüber Reden gehalten, Bücher gedruckt und Abhandelungen geschrieben, jeder Rechtslehrer hat dafür und dawider Gutachten abgegeben, und schließlich ist es, wie bei der Todesstrafe, immer beim Alten geblieben. Es giebt nur wenig deutsche Civilprozeßgesetzgebungen, in denen der Personalarrest nicht für zulässig erachtet worden ist, in der Wechselgesetzgebung ist der Personalarrest bekanntlich überall zulässig. Die Frage über die Rechtmäßigkeit des Personalarrestes ist rein theoretischer Natur, lassen wir sie deshalb hier fallen — mit den vernunftgemäßen, und deshalb richtigen und ewig wahren Begriffen aller Humanität und Freiheit ist der Personalarrest niemals in Einklang zu bringen; sondern er ist ein historisches Ueberbleibsel vergangener barbarischer römischer Rechtsbegriffe — und sprechen wir nur von der Zweckmäßigkeit des Schuldarrestes. Der Zweck des Personalarrestes kann und soll nur der sein, den Schuldner durch Anwendung der persönlichen Haft zur Zahlung zu vermögen. Fragen wir die Männer von Fach, die Directoren der Gefängnißanstalten, in denen Schuldgefangene berwahrt werden; durch ihre Praxis sind sie am meisten zum Urtheil über diese Frage kompetent. Sie antworten immer: die Vollstreckung des Personalarrestes ist unter hundert Fällen bei Fünf und Neunzig ganz nutzlos und führt nie zum Zweck. Sie ist nur practisch bei solchen Schuldnern, die aus Böswilligkeit nicht bezahlen wollen, und deren sind unter hundert kaum fünf. Wohlhabende oder gar reiche Schuldner sind fast niemals im Schuldgefängnisse zu finden, sondern nur arme. In den letzten sechs Jahren hat sich z. B. nur ein einziger Schuldner, ein Russischer Kaufmann, im Berliner Schuldgefängniß befunden, welcher seine Verpflegung aus einem angesehenen Berliner Hotel bezog. Der Personalarrest führt also dann nur zum Zweck, wenn derselbe in einer Art und Weise geschärft wird, daß er dem Schuldner unerträglich wird und dieser deshalb außergewöhnliche Anstrengungen macht, Geldmittel aus der Casse seiner Freunde oder Verwandten zu beschaffen, um sich damit aus seiner unerträglichen Lage zu befreien. Wird der Personalarrest aber auf diese Weise verschärft, dann wird er eine Strafe und verläßt das Princip, daß der Personalarrest nur in Entziehung der persönlichen Freiheit und in nichts Weiterem bestehen darf, ein Princip, was auch das deutsche Privatrecht und auch die Preußische Schuldgesetzgebung im Grunde jedenfalls anerkennen. Der Personalarrest wird zu einer Gefängnißstrafe, und eine Strafe ist nach allgemein angenommenen, strafrechtlichen Grundsätzen nur dann rechtlich zulässig, wenn ein Strafgesetz verletzt ist, wenn also ein Vergehen oder ein Verbrechen vorliegt, und ein competentes Gericht rechtskräftig auf Vollstreckung der Strafe erkannt hat; sonst nicht. Jeder, der die Wirkungen des Schuldarrestes aus practischer Anschauung kennt, wird sagen: die Wirkung des Personalarrestes liegt nur in der Androhung derselben, in dem Abgeholtwerden durch den Executor, nicht in der Vollstreckung selbst. Bewirkt die Furcht vor dem Personalarrest nicht die Bezahlung der Schuld, die Vollstreckung desselben thut es fast nie. Daß Ausnahmen vorkommen, versteht sich, wie gesagt, von selbst. Ausnahmen können aber niemals ein allgemeines Gesetz, sie können nur ein Ausnahmsgesetz begründen, und das Ausnahmsgesetz müßte heißen: Wenn ein Schuldner **böswilligerweise** nicht bezahlen will, so kann er zum Personalarrest gebracht werden. Die Prozeßgesetzgebung hat Mittel genug, um Schuldner zur Zahlung zu veranlassen. Die Auspfändung, der Concurs und der Manifestationseid sind Zwangsmittel, denen nur ein sehr gewandter, und also böswilliger Schuldner zu entgehen weiß. Noch kürzlich sagte mir ein Beamter, der eine Reihe von Jahren Dirigent eines großen Schuldgefängnisses war: „Wenn mir Jemand Geld schuldig wäre, und ich den Personalarrest beantragen müßte, würde ich selbst bei der Vollstreckung zugegen sein. Wenn mein Schuldner indeß nicht bei der Abholung durch den Executor und auch nicht auf dem Wege zum Schuldarrest Miene zum Bezahlen machte, und das Schuldgefangenhaus betritt, so würde ich ihn wieder laufen lassen; denn die Einsperrung ist dann zwecklos." Wenn diese Ansicht aber richtig ist, so ist die **einjährige** oder gar **fünfjährige** Dauer des Personalarrestes, welche die Preußische Schuldgesetzgebung festsetzt, gewiß zwecklos. Mögen die Ansichten über die Zweckmäßigkeit des Personalarrestes verschieden sein, über die Zwecklosigkeit einer einjährigen oder gar fünfjährigen Dauer des Personalarrestes kann gar kein Zweifel obwalten. Wer erst ein Jahr, oder gar drei Jahre im Schuldgefängniß sitzt, bezahlt gewiß nicht, wenn dies nicht in den ersten Monaten seiner Haft geschehen ist. Er ist dann weder, aus eigenen Mitteln zu bezahlen im Stande, noch kann er das Geld durch die Beihülfe Anderer beschaffen.

Auch sind die Fälle außerordentlich selten, daß Jemand sich Jahre lang im Schuldarrest befunden hat, und dann haben sie nur in einer persönlichen Rache des Gläubigers ihren Grund gehabt. Ausnahmsfälle mögen vorkommen, aber Ausnahmsfälle begründen nur ein Ausnahmegesetz, niemals ein allgemeines Gesetz. Wenn die Gesetzgebung, falls nun einmal die Rechtmäßigkeit und Zweckmäßigkeit des Personalarrestes anerkannt werden soll, die Dauer des gewöhnlichen Personalarrestes auf ein **halbes Jahr** und des **Wechselarrestes auf ein Jahr** normirt; so wird man in der Praxis ganz zu denselben Resultaten kommen, zu denen man jetzt kommt.

Ein Hauptgrundsatz muß bei der Vollstreckung des Personalarrestes aber immer festgehalten werden. Er lautet: **Der Personalarrest darf in Nichts Anderem bestehen, als in der Entziehung der persönlichen Freiheit des Schuldners.** Der Grundsatz ist in dem Wesen des Personalarrestes so direct begründet, daß es wohl keines weiteren Beweises bedarf. Die allgemeine Gerichtsordnung erkennt diesen Grundsatz auch so ziemlich an, wenn er auch nicht in allen ihren Bestimmungen zur Klarheit gekommen ist. Einzelne Bestimmungen über Abarbeitung der Schuld im Gefängnisse sind Reste barbarischer Römischer Rechtsbegriffe, welche sich überall in das Deutsche Privatrecht und in die einzelnen Spezialgesetzgebungen deutscher Länder hineingedrängt haben, und welche mit den Fortschritts- und Humanitätsprincipien unseres Jahrhunderts im schreiendsten Widerspruche stehen. Diese barbarischen Reste römischer Rechtsbegriffe haben in den ganz anderen Erwerbs- und Familienverhältnissen eines vor zweitausend Jahren existirenden Volkes ihren Grund, dessen staatliche Ordnung auf Classenprivilegien, auf Sklaverei und auf despotische Macht des Hausvaters über die Personen und über das Vermögen aller seiner Familienmitglieder und Hausgenossen gegründet war, nur die an Verblendung streifende Verehrung unserer Rechtslehrer für Altrömisches Recht und Altrömische Institutionen und ihre Verachtung aller vernünftigen Rechtsphilosophie haben dergleichen Dinge in Deutsche Civilgesetzgebungen gelangen lassen können. Aber, wie gesagt, die Gerichtsordnung erkennt in den Grundzügen ihrer Schuldgesetzgebung diesen Hauptgrundsatz an, und confundirt nur dann und wann in Einzelheiten die Begriffe von Personalarrest und Gefängnißhaft. Auch in der oben erwähnten Instruction vom 24. October 1837 ist dies mit Ausnahme zweier Bestimmungen in Betreff „der Gefangenkost" und der Anordnung „sogenannter Freistunden" geschehen. In der Französischen und Englischen Schuldgesetzgebung ist dieser Grundsatz ebenfalls festgehalten worden. Als ich im Jahre 1851 das Pariser Schuldgefängniß in Clichy besuchte, war die Einrichtung desselben ganz diesem Grundsatze gemäß. Mit dem Jahre 1851 ist es freilich auch eine Gefangenanstalt geworden; — indeß, seit ganz Frankreich eine große Gefangenanstalt Louis Bonaparte's geworden ist, können Französische Gesetze und Rechtszustände für das übrige civilisirte Europa nicht mehr maßgebend sein. Das Londoner Schuldgefängniß ist ganz diesem Princip gemäß eingerichtet. Der Schuldgefangene kann nur nicht durch die große Eingangsthür auf die Straße hinausgehen; hinter dieser Thüre kann er thun, was er will. Keine Hausordnung beschränkt seine Freistunden,

seine Verpflegung, seine Lectüre oder seine Besuche. Ich
bin kein Verehrer Englischer Gesetzgebung und Englischer
Zustände. Die Preußische Gesetzgebung ist sowohl in
der Justiz als in der Verwaltung der Englischen weit
voraus. In einem Punkte ist die Englische Gesetzgebung
aber vollkommen und nachahmungswürdig, nämlich in der
Wahrung der Rechte der persönlichen Freiheit des Staats-
bürgers.

Das Berliner Schuldgefängniß wird auf Grund
einer sogenannten Hausordnung verwaltet, welche das
Stadtgericht am 17. Januar 1852 erlassen hat. Diese
Hausordnung ist in einigen Punkten der Instruction vom
24. October 1837 nachgebildet, in anderen Punkten weicht
sie von derselben ab. Sie hat den Grundsatz, daß der
Personalarrest in nichts Anderem bestehen darf und soll,
als in der Entziehung der persönlichen Freiheit der
Schuldgefangenen, aufgegeben, und trägt den Charakter
eines Gefängnißreglements. Sie gestattet den Lichtge-
brauch nur bis zehn Uhr, unterwirft — in einem constitutionellen Staate, wo die Censur aufgehört hat —
die Wahl der Lectüre der Schuldgefangenen der Con-
trolle des Inspectors, beschränkt — in einem constitutionellen Staate, wo die Verfassung die Freiheit der
Presse garantirt — die literarischen Arbeiten der Schuldgefangenen auf solche Arbeiten, welche weder für Zeitungen bestimmt sind, noch politische Gegenstände betreffen;
sie verbieten — in einem constitutionellen Staate, wo
Jeder Selbstverleger seiner eigenen Schriften sein und
drucken lassen kann, was er will — daß der Schuldgefangene eine Schrift selbstständig im Drucke erscheinen
lassen oder einen Artikel in eine Zeitung einrücken lassen
darf. Von alle dem weiß die während einer absoluten
Regierung erlassene Gerichtsordnung und Instruction

vom 24. October 1837 nichts. „Die Wahl der Lectüre ist unbeschränkt," heißt es dort im Zusatz zu §. 15. Ich weiß recht wohl, daß es bei Ausführung aller dieser Bestimmungen sehr auf die Persönlichkeit des Dirigenten des Schuldgefängniß ankommt; eine bessere Wahl, wie die des jetzigen Directors des Berliner Schuldgefängnisses in der Person des Herrn Steinkopf, hätte das Stadtgericht gar nicht treffen können; derselbe ist nach Aussage aller Schuldgefangenen ein ebenso humaner, wie verständiger Mann. Mag Herr Steinkopf aber sein, wer er will und was er will, mag er selbst unfehlbar sein, wie der heilige Vater in Rom; es kommt principiell darauf gar nicht an. Die Situation eines Schuldgefangenen, dem das Gesetz kein einziges seiner staatsbürgerlichen Rechte weder entzieht, noch entzogen hat, muß in dieser Art und Weise durch das Gesetz geschützt sein; sie darf nicht durch eine Hausordnung in den Willen, in die Laune oder in den Irrthum eines andern Menschen gegeben sein, mag dieser Mensch sein, wer er will. Die Hausordnung thut dies, sie gestattet dem Director des Schuldgefängnisses sogar — im Falle einer Widersetzlichkeit u. s. w. die Anlegung der Zwangsjacke und die Anwendung des Zwangsstuhles, und verlangt nur eine Anzeige beim Stadtgericht, während das Circularrescript vom 24. October 1837 Beides durchaus verbietet.

Noch eine Bestimmung enthält diese Hausordnung, in der sie mit den Vorschriften der Instruction vom 24. October 1837 contrastirt, und gerade eine Bestimmung, welche für den Schuldgefangenen äußerst drückend ist. Sie lautet: „Der Schuldgefangene darf Besuche nur im Sprechzimmer und nur zu bestimmten Stunden annehmen," während die Instruction mit ganz klaren

Worten vorschreibt: „der Schuldgefangene darf Besuche im Gefängniß empfangen, ohne die Gegenwart eines Aufsichtsbeamten." Was ein Besuch werth ist, wenn man ihn in einem Zimmer mit einigen Dutzend anderer Personen zusammengepfercht erhält, wo außerdem ein Gefängnißbeamter an der Thüre steht, darüber brauche ich wohl kein Wort zu verlieren. Der Besuch kann dann nur belästigen; er kann weder angenehm sein, noch zum Zwecke der Besprechung häuslicher oder geschäftlicher Verhältnisse dienen, er ist ganz unnütz. Daß die Localitäten im jetzigen Schuldgefängniß es nicht gestatten, die Bestimmung des §. 11 zur Ausführung zu bringen, ist kein Einwand. Allerdings sind in dem Hause in der Köpnickerstraße Besuche in den Stuben nicht möglich, weil in jeder Stube ein halbes Dutzend Gefangene zusammengesperrt ist. Das ganze Haus ist aber in seiner Einrichtung zu einem Schuldgefängniß durchaus nicht geeignet. Es ist viel zu klein — die Durchschnittszahl der täglichen Gefangenen beläuft sich auf 70 bis 80 — und hat zu wenig Räumlichkeit. Ein für Berlin passendes Schuldgefängniß müßte wenigstens 50 verschiedene Zimmer enthalten, denn manchem Schuldgefangenen wird es äußerst unangenehm sein, mit sechs andern, ihm ganz unbekannten, und auch oft gar nicht für ihn passenden Personen in derselben Stube eingesperrt zu sein. Es ist aber Pflicht der Staatsbehörde, passende Localitäten für die Schuldgefangenen zu beschaffen, und zwar solche Localitäten, in denen die Bestimmungen des Gesetzes zur Geltung kommen können. Man kann nicht sagen: die Schuldgefangenen können keine Besuche im Gefängniß empfangen, weil dies in Stuben, wo vier bis sechs Gefangene zusammen gesperrt sind, unthunlich ist, sondern, man muß die Localitäten der Ausführung des Gesetzes gemäß einrichten. Auch muß ja der Gläubiger für den Schuldner, den er zum Personalarrest bringen läßt, bezahlen. Die Gefängnißbehörde nimmt keine Schuldner auf, wenn die Gebühren für das Sitzen und für seine Alimentation nicht vorher bei der Salarienkasse des Stadtgerichts bezahlt sind. Wenn die jetzigen Gebühren zu gering, kann die Regierung dafür die passenden Localitäten nicht anschaffen, nun, so erhöhe man die Gebühren, welche der Gläubiger bezahlen muß. Keinenfalls kann und darf der Schuldner darunter leiden, und noch werniger darf die Ausführung des Gesetzes dadurch gehindert werden.

Ebenso ist es mit den Alimenten. Der jetzige Alimentensatz ist ein viel zu geringer. Für 5 Sgr. ist die passende Alimentation eines Menschen in jetziger Zeit, bei den jetzigen Preisen der Lebensmittel fast unmöglich. Und worin besteht die Kost der Schuldgefangenen? Morgens eine Hafergrützsuppe mit einem Stück Brod, Mittags eine Erbsensuppe mit einem Stück Brod, Abends gar nichts. Fleisch wird, außer einem Stückchen Rindfleisch, Sonntags gar nicht gegeben. Das ist Gefangenkost, keine Kost für einen Menschen, der nichts gethan hat, der gegen die Gesetze gar nicht gefehlt hat, der nur so unglücklich ist, Schulden zu haben. Es ist sogar nicht einmal Gefangenkost. Jeder einsichtsvolle Zuchthaus- oder Gefängniß-Director wird mir zugestehen, daß Fleischspeisen für die Gesundheit der Gefangenen sehr zuträglich sein würden, und daß Gefangenspeisen nicht genügend sind. Es ist mir das häufig von einsichtsvollen Gefängnißbeamten, welche zwanzig und dreißig Jahre großen Gefängnissen vorgestanden haben, versichert worden. Es bedarf aber dieser Versicherung nicht einmal; die ganze Organisation des menschlichen Körpers bedingt das schon von selbst. Man lese Moleschotts Nahrungsmittellehre, man schlage Johnstone's berühmtes Buch auf, man wird dort die Bestätigung meiner Behauptung lesen. Für Schuldgefangene ist eine derartige Kost aber gar nicht passend. Dies Verordnungs-Rescript, welches diesen äußerst geringen Alimentationssatz vorschreibt, stammt übrigens aus dem Jahre 1822; es ist also 40 Jahre alt geworden. Jedermann weiß, daß die Lebensmittelpreise vor 40 Jahren ganz andere waren, als sie es heute sind, Jeder weiß, daß man vor 40 Jahren für 5 Sgr. gerade das Doppelte an Qualität und Quantität erhielt, was man heute erhält. Das Alimentationsquantum hätte also, schon der veränderten Zeitverhältnisse wegen, in diesen 40 Jahren, auf das Doppelte erhöht werden müssen. Es ist nicht zu leugnen, daß das Brod, daß die Suppe, welche die jetzige Gefängnißverwaltung giebt, in ihrer Qualität recht gut ist. Es läßt sich gegen die Zubereitung der Speisen nichts erinnern. Eine Suppe und ein Stück Brod ist aber keine Kost für einen Schuldgefangenen. Es ist viel zu wenig, und der Magen wird sich äußerst schwer daran gewöhnen können. Das jetzige Stadtgerichtspräsidium hat dies auch eingesehen. Eine Verfügung aus dem November vorigen Jahres hat den Alimentensatz erhöht, aber nur um 1 oder 1½ Sgr. Der Alimentensatz ist zur Herstellung einer passabeln Kost immer noch viel zu gering. In dem Stadtvoigteigefängniß bezahlt der Gefangene, der sich selbst beköstigt, monatlich 10 Thlr., also auf den Tag 10 Sgr. Der Oekonom Marx liefert für diese 10 Sgr. ein ganz passables Mittagessen, aus Suppe, Fleisch und Gemüse bestehend, Morgens Kaffee, Nachmittags Kaffee mit Butterbrod, und Abends ein Butterbrod mit einigen Stückchen Fleisch oder Wurst. Wenn der Staat einem Gläubiger das Recht zugesteht, seinen Schuldner auf Jahr und Tag einsperren zu lassen, um zu seiner Forderung zu kommen, so verlange er auch von ihm, daß er die nöthigen Mittel beschaffe, um seinen Schuldner nicht wie einen Strafgefangenen, sondern, wie einen anständigen Menschen zu ernähren. Er erhöhe das Alimentationsquantum auf täglich wenigstens 10 Sgr. Der Staat hat das Recht und die Pflicht dazu, und die jetzigen theuren Lebensmittelpreise rechtfertigen einen solchen Alimentensatz hinlänglich. Es ist schon vollständig genug, daß ein Mensch einen andern blos darum, weil er ihm Geld schuldig ist, seiner persönlichen Freiheit berauben kann und darf. Mag er ihn dafür, wenn das Gesetz ihm nun einmal ein solches Recht giebt, wenigstens insoweit ernähren, daß er nicht hungert und daß er den Bedürfnissen seines Magens und seines Körpers gemäß leben kann. Das ist doch das Wenigste, was die Humanität des neunzehnten Jahrhunderts beanspruchen kann, wenn sie überhaupt den Personalarrest zuläßt.

Die Freistunden der sogenannten Hausordnung im Berliner Schuldgefängniß stehen nicht mit den Bestimmungen der Instruction vom 24. October 1837 in Widerspruch. §. 18 und §§. 13 und 14 stimmen so ziemlich überein. Dennoch sind sie mit dem richtigen Princip, was bei der Schuldgesetzgebung vorwaltend und maßgebend sein soll und muß, nämlich, daß der Personalarrest in nichts Anderem bestehen kann und darf, als in der Entziehung der persönlichen Freiheit, nicht vereinbar. Es kann nicht genug wiederholt werden, der Personalarrest ist keine Strafhaft. Nur mit der Strafhaft sind aber Freistunden in Einklang zu bringen, nicht mit dem Personalarrest. Für den Schuldgefangenen muß sich nur die Hausthür des Gefängnisses schließen, welche ins Freie führt, nicht seine Stubenthür. Wenn das

Letztere der Fall ist, wird aus dem Personalarrest eine Gefängnißhaft, und Personalarrest und Gefängnißhaft sind und bleiben unvereinbare Begriffe. Die Einrichtung des Pariser Schuldgefängnisses vor dem Jahre 1851 war auch demgemäß, und die Einrichtung der englischen Schuldgefängnisse ist noch heute so, wie ich schon erwähnte. Weg also mit den Freistunden in den Schuldgefängnissen! Man gestatte den Schuldgefangenen innerhalb der Mauern des Schuldgefängnisses in ihren Stuben zu bleiben oder in den Garten zu gehn, man gestatte ihnen, sich zu besuchen, oder Besuche anzunehmen, man gestatte ihnen, zu schlafen und aufzustehen, wann sie Lust haben, und wann es ihnen paßt, man gebe ihnen das Recht, zu lesen und zu schreiben, was sie wollen, zu rauchen oder nicht zu rauchen, zu essen und zu trinken, was ihnen schmeckt, überhaupt zu thun, was sie wollen, so lange sie nicht gegen ein Polizeigesetz oder gegen ein Strafgesetz verstoßen. Daß daraus keine Unordnungen entstehen, welche mit der im Schuldhause nöthigen Ordnung unvereinbar sind, ist Sache des Aufsichtsbeamten und der Verwaltung. Man erwidere mir nicht: „Es geht nicht." Ich antworte darauf: Alle englischen Schuldgefängnisse sind in dieser Weise eingerichtet, und dort geht es recht gut. Nur eine solche Einrichtung des Schuldgefängnisses stimmt mit den Rechten, welche die Bürger eines constitutionellen Staates beanspruchen können, überein.

Im Januar 1857 erließ das Berliner Stadtgericht eine Verfügung, welche den Zusatz §. 20. der Instruction vom 24. October 1837 vollständig aufhebt und die richtige Rechtstheorie des Personalarrestes vollständig verläßt. Sie lautet dahin, daß der Schuldner, selbst wenn er erkrankt, nicht mehr entlassen werden soll, sondern einer ärztlichen Behandlung und Kur auf Kosten des

Gläubigers im Charité-Krankenhause unterzogen werden kann. Ob dies geschehen soll, hängt von der Bestimmung des Gläubigers ab, der einen Kostenvorschuß von zehn Thalern bei der Charitékasse und zwei Thaler Transportgebühren an die Schuldgefängniß-Inspection zu entrichten hat. Dieser Krankenvorschuß reicht auf 30 Tage, und der Schuldner bleibt nun so lange als Gefangener im Charité-Krankenhause, bis der Gläubiger die Lust verliert, den Kostenvorschuß zu erneuern, oder bis er gesund wird und wieder in das Schuldgefängniß zurück gebracht wird, oder bis der ihn behandelnde Arzt im Charité-Krankenhause erklärt, daß seine weitere Gefangenhaltung sein Leben oder seine Gesundheit dauernd gefährde — dann wird er auch wider den Willen des Gläubigers entlassen.

Was kann man Alles über diese Verfügung vom Standpunct der Rechtstheorie des Personalarrestes, vom Standpunkt der Zweckmäßigkeit und vom Standpunkt der Humanität sagen? Der oberste Rechtsgrundsatz bei der Schuldgesetzgebung, daß der Personalarrest in nichts Anderem bestehen darf und kann, als in der Entziehung der persönlichen Freiheit, den die Gerichtsordnung und auch die Instruction vom 24. October 1837 so ziemlich anerkennen und den die Hausordnung des Berliner Schuldgefängnisses wenigstens noch in einigen Punkten gelten läßt, ist dadurch ganz und gar bei Seite geworfen, und der Schuldgefangene mit dem Strafgefangenen auf eine Stufe gestellt worden. Zweckmäßig ist diese Verfügung nur zu nennen, wenn man überhaupt eine mehrjährige Dauer des Personalarrestes für zweckmäßig hält, und daß diese ganz zwecklos ist, darüber ist oben schon gesprochen worden. Daß aber die Humanität und diese Verfügung gar keine Beziehung zu einander haben, darüber, glaube ich, brauche ich wohl kein Wort zu verlieren.

Unter welchen rechtlichen Gesichtspunkt sind aber die Hausordnung des Berliner Schuldgefängnisses und diese letzte Verfügung zu bringen? Ich bemerke, sie sind nicht von dem jetzigen Stadtgerichtspräsidium erlassen, sondern sie stammen noch aus der Zeit des vorigen Stadtgerichtspräsidenten. Wenn das Stadtgericht dieselben aus eigener Machtvollkommenheit, ohne dazu durch ein Rescript des Justizministers autorisirt zu sein, erlassen hat, so sind sie ungültig, denn es hat keine Behörde das Recht, Verfügungen und Reglements zu erlassen, welche mit den bestehenden Gesetzen in Widerspruch stehen. Daß beide Verfügungen mit der Gerichtsordnung und mit der Instruction aus dem Jahre 1837 in vielfachen Widerspruch gerathen, habe ich in mehreren Punkten nachgewiesen. Hat der Justizminister das Stadtgericht indeß durch ein Rescript zum Erlaß dieser Verfügungen ermächtigt, so sind sie natürlich vor dem Buchstaben des Gesetzes gültig, denn der Justizminister hat das Recht, ein früheres Rescript durch ein anderes Rescript aufzuheben, oder abzuändern. Im Justizministerialblatte ist diese Verfügung nicht publicirt, weil sie keine allgemeine Verfügung ist. Sie müßte sich also in den Generalacten des Stadtgerichts finden, welche ich selbstverständlich nicht habe einsehen können. Die Schuldgefangenen, welche sich von der rechtlichen Gültigkeit dieser beiden stadtgerichtlichen Verfügungen überzeugen wollen, können dies leicht, wenn sie die Ungültigkeit aller darin enthalten Bestimmungen, welche gegen die Instruction vom 24. October 1837 verstoßen, behaupten, und sich im Wege der Beschwerde an das gesammte Staatsministerum wenden. Die Sache kommt dann auch von ihrem rechtlichen Gesichtspunkte aus zur Sprache. Jedenfalls — und das ist gar nicht zu leugnen — sind die Berliner Schuld-

gefangenen durch die Hausordnung und durch die Kran-
kenverfügung in eine Ausnahmsstellung gegen alle übrigen
Schuldgefangenen des Landes gebracht, welche mit der
übrigen Schuldgesetzgebung vollkommen in Widerspruch
steht, und deren Rechtfertigung — ich wenigstens vergebens suche.

In das Schuldgefängniß kann Jeder kommen, der
Reiche und der Arme, der Fürst und der Bauer, der
reiche Banquier, der Millionen besitzt und der arme
Proletarier, der sich durch mühsame und harte Arbeit
das tägliche Brod erwirbt, der Pair aus dem Herren-
hause und das Mitglied des Hauses der Abgeordneten,
wenn die Sitzungen vorüber sind, der ordentliche, fleißige
und gewissenhafte Mann und der leichtsinnige Verschwen-
der, Niemand ist vor einer zeitweisen Wohnung in dem
Hause Köpnickerstraße 39 sicher. Man braucht kein Verbrechen begangen zu haben, man kann sogar in seinen
häuslichen und pecuniären Verhältnissen sich immer wie
ein diligentissimus pater familias benommen haben,
worunter das Römische Recht bekanntlich den größten
Grad von Sorgfalt und Aufmerksamkeit versteht, den
ein sorgsamer Hausvater auf seine häuslichen und pecuniären Verhältnisse verwenden kann, und doch kann man
gezwungen sein, Tage, Wochen, Monate und Jahre im
Schuldgefängniß zuzubringen. Handelskrisen in Amerika,
welche auch der gewandteste Speculant nicht vorhersehen
kann, machen alle Berechnungen zu Schanden, Neujahrs-
ansprachen des Mannes in Paris bewirken mit der
Schnelle des elektrischen Funkens auf dem Telegraphen-
draht eine Baisse von 15 Prozent, und richten in den
Geldschränken die fürchterlichsten Verwüstungen an, und
eine einzige, noch so kleine europäische Verwickelung, und
wenn ihre Triebfeder auch nur schließlich in den Spe-

culationen des berüchtigten Hauses Morny u. Comp. in Paris zu entdecken ist, verändern die Vermögensumstände von Millionen von Menschen in einem Zeitraume von wenigen Wochen. Jedermann hat deshalb für unsere Schuldgesetzgebung ein besonderes persönliches Interesse, Jedem muß eine Revision unserer Schuldgesetzgebung, für die von der gesetzgebenden Stelle nun seit vierzig Jahren soviel wie nichts geschehen ist, am Herzen liegen; Jedem, der indeß im Rayon des Berliner Stadtgerichts wohnt, muß aber der Ausnahmezustand, in dem sich die im Berliner Schuldgefängniß inhaftirten Schuldgefangenen vor allen anderen Schuldgefangenen des Landes befinden, von ganz besonderem und speziellem Interesse sein.

Sechstes Kapitel.

Ein Fest der Creme des Berliner Proletariats.

In allen Städten der alten und der neuen Welt, mögen sie die Residenz des türkischen Sultans, eines Negerkönigs oder Louis Bonapartes, des Erwählten von fünf Millionen sein, mögen sie an den Fluthen der Themse, der Spree, des Orinoco oder des Ganges liegen, mag ihre Einwohnerzahl nach Hunderten oder nach Hunderttausenden berechnet werden, überall etablirt sich eine Creme der Gesellschaft, eine haute volée, deren Grundbasis die Ausschließlichkeit ist, und welche sich nur aus sich selbst rekrutrirt. Die Elemente dieser Cremen der Gesellschaft sind, wenn man sie mit einander vergleicht, ebenso verschieden, wie die einzelnen Elemente in der Natur; aber jede hat ihr eigenthümliches, ihr specifisches Element, und die Aufgabe ihrer Existenz besteht gerade darin, das Element rein und unvermischt zu bewahren. Die Natur hat bis jetzt nur vier und sechzig Elemente geschaffen; die Gesellschaft hat soviel Elemente hervorgebracht, wie sich in ihr verschiedene Cremen etablirt haben. Jedes pommersche oder märkische Landstädtchen besitzt darin gewiß eine schöpferische Kraft, wenn sich sein schöpferischer Genius auch sonst niemals und in Nichts gezeigt hat, nicht einmal in einer Bekkumer Dummheit oder in einem Schöppenstedter Streiche.

Von den Clubs der hohen, englischen Aristokratie in Pall-mall und St. James-street, vom Carlton-Club, dem gesellschaftlichen Versammlungsort der Tories bis zum Whittington Club am Strand, dem „Club der armen Gentlemen," welch' lange Reihe verschiedener Cremen einer einzigen Classe der Gesellschaft in zwei Straßen einer einzigen Stadt! Bildet man aber eine Kette, deren äußersten Glieder der Carlton-Club und der Honoratioren-Club etwa in Finsterwalde sein würden, würde diese Kette nicht die Länge des atlantischen Kabeltaues erreichen? Und doch repräsentirt jedes Glied dieser unendlichen Kette eine Creme für sich, und jede Creme umfaßt ein Element, rein und unvermischt, wie das Jod oder wie das Natron. Wie gesagt, der menschlichen Gesellschaft wohnt eine weit größere schöpferische Kraft inne, wie der Natur selbst. Aber man kann diese Tausende von verschiedenen Elementen unter drei oder vier große Einheiten bringen, welche wenigstens jede einen bestimmten Urstoff haben, der in seiner Gliederung dann nur in größerer oder geringerer Stärke auftritt. Diese drei oder vier verschiedenen Urstoffe sind das Blut, das Silber, die Gehirnmasse — wenn das Gehirn überhaupt der Sitz der Seele ist, und nicht etwa die Zirbeldrüse, wie Cartesius klugerweise meint — und der amtliche Titel; die Millionen Specialitäten sind nur wässeriger Urstoff, der immer wässeriger wird, je weiter er sich von seinem Grundelement entfernt. Der Oxford-Club in St. James-street und der Club der adeligen Gutsbesitzer in Freiburg an der Unstrut, wenn es auch von einem Lord Herzog, der seine Abkunft von Wilhelm dem Eroberer ableitet, bis zu einem bäuerlichen Grundbesitzer der das

Wörtchen „von" vor seinem Namen führt, ein sehr weiter Schritt sein mag — der Fünf=Millionen=Club in Hamburg und die geschlossene Gesellschaft der Kaufleute in Schöppenstedt, die gesellschaftliche Zusammenkunft wirklicher Geheimräthe und die Kränzchen der Subalternbeamten, die „Medicinische Gesellschaft" in London und die Versammlung der Chirurgen eines pommerschen Landstädtchens, sind sie nicht alle auf eine jener vier Einheiten zurückzuführen und wollen sie nicht alle entweder die Aristokratie des Blutes oder des Geldes, des Wissens oder des amtlichen Titels repräsentiren, mag auch die Repräsentation oft noch so kläglich ausfallen und mancher Repräsentant mit seinem Milchbruder aus derselben großen Creme so wenig Aehnlichkeit haben, wie das Original der Raphaelischen Jardinière im Louvre mit der Copie eines Sudlers?

Doch die Aristokratie und der Geldsack etabliren nicht allein ihre Cremen; auch das Proletariat hat seine haute volée, und auch in dieser haute volée der Lumpen und der Armuth dominirt ein reines und unvermischtes Element, auch hier herrscht Ausschließlichkeit, wenn die Ausschließlichkeit auch gerade nicht durch ein Ballotement mit schwarzen und weißen Kugeln, sondern durch eine Tracht Schläge oder durch ein etwas handgreifliches, faktisches vor die Thüre Setzen gehandhabt wird. In St. Giles, in der Rue Mouffétard und im Berliner Voigtlande sind die beständigen Standquartiere dieser Cremen des Proletariats, und in bestimmten Tavernen, Brandinghouses, Barrieren=Cafés und Spelunken sind ihre Clubs oder Casinos, welche sie ein für allemal oder wenigstens an bestimmten Tagen ausschließlich frequentiren. An einzelnen Tagen im Jahre halten sie dort ihre Centralclubs, wo sie aus allen Quartieren der Stadt oder der Um=

gegend zusammenkommen, wo sie sich große Rendezvous
geben oder wenigstens ihre Repräsentanten senden, wie
die Jockeyclubs in England, oder wie die sämmtlichen
Christiane in Schwaben am Christianstage, oder wie die
Hexen und Nachtgespenster in der ersten Mainacht auf
dem Brocken. In Berlin ist ein solcher Tag der Sonn=
abend nach Pfingsten, und der Ort des Rendezvous ist
die Schützenwiese oder eigentlich der Schützensandplatz
am neuen Königsthor. Es giebt wohl wenig Mitglieder
der andern, aristokratischen Cremen in Berlin, welche
diesen jählichen Centralpunkt der haute volée des Pro=
letariats an diesem Tage aus eigener Anschauung kennen.
Seine Physiognomie ist dann eine ganz andere gewor=
den, wie Tags vorher oder Tags nachher; nur der Sand
der Schützenwiese ist derselbe geblieben, und vielleicht noch
der Knoblauchsdunst, wenn er auch in etwas stärkerer
Potenz in der Atmosphäre auftritt. Mich führte ein Freund
dorthin, der die freie Zeit, welche ihm seine Grenadier=
uniform läßt, dann und wann zu psychologischen Studien
in den Spelunken der Vorstadt verwendet, und den ich
zuweilen auf einer nächtlichen Streiferei unter dem Schutze
seines Seitengewehrs begleite.

Es war also der Sonnabend nach Pfingsten, der
Lumpengesindelsabbath, der Tag, wo nur die Creme des
Berliner Proletariats und des zweimeiligen Belagerungs=
umkreises der guten Stadt auf der Schützenwiese reprä=
sentirt wird. Glaube deshalb Niemand, dasselbe dort
zu sehen, was ich sah, wenn er an einem andern Tage
dorthin gehe. Er könnte eben so gut in der Nacht des
1. Juli, statt in der Nacht des 1. Mai auf den Brocken
steigen, und den Hexensabbath feiern wollen. Die Sonne
war dem Untergange nahe und grüßte zum Abschiede mit
einigen röthlichen Streiflichtern die grünen Wipfel der

großen Bäume, welche über die hintere Mauer des Schützenplatzes hinein schauen. Eine Wolke von Dunst, Staub und Rauch schwebte in der Luft zwischen dem grauen Sande des Bodens und dem Blau des Himmels, eine Wolke, welche, wenn man sie chemisch analysiren könnte, alle Elemente der Lebensatmosphäre der Armuth ergeben würde. Die Geruchsnerven empfinden einzelne Specialitäten dieses Dunstes in den Räumen des großen, grauen Hauses des Elends am Alexanderplatz oder in einem der Gefängnisse der Stadtvoigtei nach einer großen Razzia der Polizei in der vergangenen Nacht oder in einer Stube eines sogenannten Familienhauses, welche von drei Familien mit einem Dutzend Kinder zugleich bewohnt wird; aber es sind nur Specialitäten, welche sich hier mit dem Dampf von hundert flackernden Feuern mischen, an denen tausende von Knoblauchswürsten gebraten werden und ein Getränk bereitet wird, welches in seiner Farbe der spartanischen Suppe ähnlicher sieht, als der braunen Bohne von Mocca. Zehn Procent der Wolke bestanden aus Alkoholdünsten, welche aus der großen Menge von Branntweinfässern, die in den aus Leinwand improvisirten Branntweinschänken aufgestapelt lagen, emporstiegen; von Sauerstoff war in ihr gewiß nur ein ganz geringer Gehalt vorhanden. Wolken von dieser Beschaffenheit sieht man in der Atmosphäre gewiß selten. Nur die Atmosphäre von London oder Paris könnte sie aufzuweisen haben. Der ganze untere Theil der Wolke bestand aus Staub, aus jenem ganz feinkörnigen Staube von graugelber Farbe, wie ihn nur die Wüsten Afrikas oder — die Sandsteppen der Mark Brandenburg hervorbringen. Er stieg vom Boden empor, bildete das Verbindungsmittel zwischen der Erde und der Wolke, und umhüllte die struppigen, unfrisirten und unparfümirten Köpfe von zehntausend Men=

schen, der Creme des Berliner Proletariats, welche sich auf dem nicht sehr großen Raume oft mit Mühe durcheinander bewegten. An den beiden Längenseiten des Platzes reihte sich Bude an Bude in mehreren nebeneinanderstehenden Reihen und den Hintergrund nahmen coloffale Zelte mit pyramidenähnlichen Dächern ein, welche sich um sich selbst drehten. Wirklich grotesk war der Anblick auf diese Zeltstadt, wenn man auf sie von dem hintersten Ende des Platzes, der allmälig ansteigt, hinabsah, und mit einem Blick das ganze Menschengewimmel und die Hunderte von Zeltdächern in allen Formen und mit Fahnen und Flaggen geschmückt, überschaute. Dieses hintere Ende des Platzes bot überhaupt ein sonderbares Bild, eine Bivouak- und Lagerscene, wie sie kein militärisches Lager liefert. In den Boden waren tiefe Löcher gegraben und jedes Loch war als eine natürliche Feuerstelle hergerichtet, in denen Suppen-, Fleisch- und Kaffeetöpfe über lobernden Feuern brodelten, und um welche zerlumpte Gestalten, Männer, Weiber und Kinder in allen Stellungen lagerten und sich an Knoblauchswürsten, sauren Gurken, am Kaffeetopf und der Branntweinflasche delectirten. Ein Murillo hätte hier Studien zu seinem Bettelknaben machen, ein Hogarth Originale zu seinen zerlumpten Gestalten finden können. Dazwischen waren Tische aufgestellt, auf denen pyramidenartig Butterbrode, Würste und saure Gurken aufgestapelt lagen und an deren Tischtüchern die ursprünglich weiße Farbe kaum noch zu erkennen war. Graue Dampfwolken kämpften hier mit den Staubwirbeln um die Existenz, aber der Dampf besiegte den Staub. Von dem ganzen Platze schlug ein Geräusch an das Ohr, so vieltönig, ein solches Mischmasch von Tönen der verschiedensten Art und der verschiedensten Stärke, wie der Gehörnerv, welcher es dem Gehirn zum Bewußtsein bringt, zu seinem großen Glück selten empfindet. Hier ertönte der Klang des Tam-Tam wie in den Gefechten der alten Gallier mit den Römern und wie in den Hainen der Druiden, hier hatte sich die Musik der Drehorgel, der Pauke, der Trommel und des Triangels, wie bei den frühern Bärentänzen auf den Straßen der kleinen Provinzialstädte an hundert Stellen vereinigt, um die Schaustellungen der acrobatisch-gymnastischen Künstler aller möglichen Sorten, der glühenden Kohlen-Fresser, der lebendiges Geflügel Verschlinger, der Kartenkunststückmacher, der Kunstreiter und der Wachsfigurencabinette einzuläuten, oder um die Umdrehungen vier großer Caroussels zu begleiten. Aber alle diese musikalischen Töne verschwammen dann und wann in einem Stimmengewirr, wie ich es nie gehört habe. Nicht allein, daß die zehntausend Zungen der Repräsentanten des Proletariats in fortwährender Bewegung waren, sondern vor jeder Bude, vor jedem Guckkasten und an jeder Bier- und Branntweinsschenke standen die Inhaber und priesen die Vorzüge ihres Quarks der gaffenden und horchenden Menge mit vollen Backen an. Sie hatten bereits acht Tage lang alle Abende so geschrieen; es hatte sich eine Heiserkeit en gros unter ihnen eingestellt; jedoch waren ihre Bier- und Branntweinstimmen noch so weit von einem allgemeinen Bankerott entfernt, daß sie sich gegenseitig Concurrenz bieten konnten.

Aber sehen wir uns die Creme des Berliner Proletariats auf dem Platze selbst genauer an. Nicht ein ordentlich aussehender Handwerker oder Arbeiter war unter ihnen, geschweige denn ein anderer Mensch, welcher zu irgend einer der andern Berliner Cremen in einer, wenn auch noch so entfernten Beziehung stand. Alle diese

Hüte hatten den Staub und den Regen von wenigstens vier Semestern ausgehalten. Nicht der Schnee, aber die Röthe des Alters lag auf ihren Scheiteln und hatte ihnen den Haarschmuck der ersten Jugendjahre geraubt. Die Schemelbeine, deren Conflicte mit den Häuptern ihrer Insassen sie oft hatten mildern müssen, hatten ihnen in Beulen und Rissen Erinnerungen für das ganze Dasein zurückgelassen. Doch waren sie in voller Uebereinstimmung mit den Köpfen, welche sie bedeckten, deren Haar gewiß wochenlang mit keinem Kamm in Berührung gekommen war. Die Röcke repräsentirten die Moden aller Saisons eines halben Säculum, nur daß die letzten zehn Jahre nicht vertreten waren, aber es war eine Repräsentation der zerrissensten und beschmutztesten Muster. Der deutsche und englische Arbeiter trägt keine Blouse, wie der französische Proletarier, der darin immer rein und ordentlich aussieht. Rock und Hut sind seine Lieblingsbekleidungsstücke; sie lassen sich nur nicht so oft von dem geringen Wochenlohn erneuern, wie die Leinwandblouse.

Wie mit den Röcken und Hüten, so war es auch den Gesichtern. Die Gesichter der französischen Proletarier haben edle Züge und Formen, welche ihre Abstammung von den tapfern Galliern documentiren, während in dem Proletariat Berlins überall die wendische Abkunft in den eingedrückten, platten Nasen und in den hervortretenden Backenknochen zu erkennen ist — ein Gesichtsausdruck, den ein Maler oder Bildhauer nur zur Darstellung der Züge eines Knechts oder Sklaven verwenden würde. Werden diese Gesichter nun noch durch Ausschweifung, durch den Genuß des Branntweins und durch die Noth der Armuth entstellt, so sehen sie recht häßlich und sogar widerlich aus; der wirklich gemeine

Ausdruck, den die Natur ihnen bereits aufgedrückt, tritt noch unangenehmer und widerlicher hervor. Diesen Charakter hatten meist alle Gesichter der Repräsentanten der Creme des Berliner Proletariats auf der Schützenwiese. Die Zeichen eines Lebens voll Noth und Entbehrung, voll Sorgen und Arbeit standen darauf mit deutlichen Zügen geschrieben, aber auch die Orgie und das Laster hatten darin ihre tiefen Furchen gezogen, und der starke Branntweingenuß des heutigen Tages hatte sie mit jener widerlichen fliegenden Röthe bedeckt, welche nach Jahren endlich bleibend wird, und sich auf den Wangen und auf der Nase in Kupferfarbe verwandelt. Von den Weibern, welche sich dort umhertrieben, war kein einziges, dem nicht die Prostitution ihr unverkennbares und unverlöschliches Stigma auf die Stirn geschrieben hatte....

Doch genug der Schilderung dieser würdigen Repräsentanten und Repräsentatinnen der Creme des Proletariats! Die Repräsentanten in den Hunderten von Verkaufs-, Würfel- und Spektakelbuden zu beiden Seiten des Platzes hatten denselben Charakter, nur mit dem Unterschiede, daß sie nicht hier waren, um sich zu amüsiren, sondern die Armuth auszubeuten. Ein ellenlanges Schild zeigte die Kunstreiterproduktionen einer afrikanischen Gesellschaft an. Alle Mitglieder der Gesellschaft und sämmtliche in der Freiheit dressirte Pferde befanden sich vor der Bude. Zwei magere Ponys, die einzigen vierfüßigen Mitglieder, knabberten an einigen Bündeln Heu. Sechs Künstler in fleischfarbenen, schmutzigen Tricots standen auf einem Gerüst, und trompeteten durch Vermittelung einiger Blasinstrumente und ihrer Kehlen, die dem Heiserkeitsbankerotte nahe waren, die Vorzüglichkeiten ihrer Productionen vor dem staunenden Publikum aus. Der Sand der Wüste und die tropische Sonne

Afrikas war unter ihnen durch zwei schwarze Gestalten
repräsentirt, deren Colorit indeß offenbar aus dem Farben-
topf eines Berliner Anstreichers gekommen war; denn
ihre Nasen und Stirnen trugen den Stempel nicht der
äthiopischen, sondern der wendischen Ankunft, und in ihren
Anpreisungen war der Berliner Dialect unverkennbar.
Alle diese Herrlichkeiten, die Trampolinsprünge, die Saltos
mortale, das Messer- und Kugelspiel waren für zwei
Silbergroschen zu sehen. In der Bude daneben wurde
ein nie gesehenes Wunderthier gezeigt, nach seinem Aeußern
eine ganz gewöhnliche Kuh; im Innern ihres wunder-
baren Leibes, in das man, da die Kuh noch lebendig war,
natürlich nicht hineinsehen konnte, sollte sie aber wunderbare Anomalien aufzuweisen haben, zwei verschiedene
Magen und den Mangel der wichtigsten Verdauungs-
organe anderer in Berlin lebender gewöhnlicher Kühe.
Gegenüber war der Urwald auf einem haushohen Gemälde mit den buntesten Farben dargestellt. Die Phantasie des Malers bei Anfertigung dieses Kunstwerkes war
wirklich genial gewesen. Die buntgefiederten Vögel und
die Affen von jeder erdenklichen Größe hielten jeden Zweig
der Bäume besetzt. Wenn der Maler hätte einen Ameisen-
haufen darstellen wollen, er hätte die Zahl nicht zu ver-
mehren brauchen. Einige weiße Arrhas von sehr pro-
blematischer Schönheit, wahrscheinlich die einzigen Bewohner des Urwaldes im Zelte, mischten ihr krächzendes
Geschrei mit den heisern Tönen des Ausrufers auf der
Estrade. Ein ganz anderes Bild bot das Gemälde vor
der angrenzenden Bude. Es stellte das Hochgebirge dar.
Ein großer Steinbock wurde von einem Adler in die
Luft geführt, und fünf andere Steinböcke standen im
Kreise umher und sahen sich ihren entführten Collegen
zum letzten Male mit traurigem Abschiedsblicke an. Der

Ausrufer theilte den Zuhörern unter Pauken- und Trompetengeschmetter mit, daß dies Schauspiel in der Bude durch einen lebendigen Adler und einen lebendigen Steinbock in Wirklichkeit aufgeführt werde und nur einen Silbergroschen koste.

Das Würfelspiel und die Lotterie waren in jedem Genre und in jeder Abstufung vertreten. Was wurde an diesen Tischen und vor diesen Buden Alles ausgespielt und ausgewürfelt: Kuchenherzen, Honigreitpferde, ellen-Brode, bunte Bänder, Nippsachen, Seifenstückchen, Gläser Bier und Branntwein! Zwei hübsche Mädchen suchten Loosabnehmer zu einem so unbedeutenden Flitterkram, daß es augenscheinlich war, daß sie sich später selbst auswürfelten. Ein Plantagenbesitzer in Havanna ließ seine importirten Cigarren ausspielen. Der Hauptgewinn bestand in fünfzig Cigarren und der Einsatz war nur ein Silbergroschen. Wie bei der preußischen Staatslotterie so wurden auch hier die Loose, wenn der Einsatz dem Einzelnen zu hoch war, in vier Vierteln verkauft. Der Preis für jedes Viertel bestand dann nur in einem Dreier. Wen die ausgestellten Waaren und das Geschrei der Unternehmer nicht vermochte, Loose zu kaufen, der wurde im Vorübergehen am Arm ergriffen und konnte sich nur durch die Uebernahme einiger Loose dieser Zwangsanleihe befreien. Anerbieten, Weigerung und Execution folgten sich unmittelbar. Die Zwangsanleihe, welche Jérome Bonaparte einst als König von Westphalen bei seinen getreuen Unterthanen machte, wurde sanfter in Cours gesetzt, wie hier die Lotterieloose. Nur der tapfere Arm meines Begleiters von der Armee konnte mich einige Mal aus den Händen dieser Lotterieharpyen befreien. Auch der Electromagnetismus war hier vertreten, wenn er auch, wie unter dem Würfelspiel der Allopathie auf dem Felde der Arzneiwissenschaft, einen sehr geringen Platz einnahm. Die electrische Batterie figurirte unter dem Namen einer Gesundheitsmaschine, und auf einem Schilde am Dache der Bretterbude las man mit großen schwarzen Buchstaben die Worte: „Hier ist die wunderbare Gesundheitsmaschine zu sehen, welche für 1 Sgr. alle rheumatische Schmerzen heilt." Wenn der Mann doch eine Maschine erfinden wollte, welche die Schmerzen der vor seiner Bude gaffenden Menge heilte, er würde den Namen St. Simons, Fouriers und Proudhons in den Schatten stellen, und könnte die große Frage des Socialismus lösen!

Ganz in der Nähe des Mannes mit der Gesundheitsmaschine, des Repräsentanten des Elektromagnetismus unter der Creme des Berliner Proletariats, wohnte ein noch größerer Heilkünstler, ein zweiter Döbler oder Bosco. Unter vielen andern Kunststücken, die er versprach, schlug er einem lebendigen Menschen den Kopf ab und setzte ihm den Kopf wieder auf. Ich hatte das Kunststück noch nicht gesehen und kaufte mir für zwei Silbergroschen ein Billet zum ersten Platz. Im Innern des Wunderzelts waren bereits alle Plätze von der Creme des Proletariats eingenommen; ein erster Platz existirte nicht. Mein Billet verschaffte mir nur das Recht unter einer Menge Gesindels in einer Ecke zu stehen und bei einer ohrzerreißenden Musik von einem halben Dutzend von Blechinstrumenten das wunderbare Schauspiel anzusehen. Die ersten Pieçen des Schauspiels bestanden in einigen Kartenkunststücken, mit denen mich einer meiner Freunde, der bekannte Komiker L'Arronge, oft Abends beim Thee aus einer besondern Liebhaberei gelangweilt hatte. Hier executirte sie die Tochter des Wundermannes, ein junges Mädchen, welche ihrer Körperbildung und ihrer Größe nach kaum funfzehn Jahre alt sein konnte, auf deren Gesichte man aber jene sonderbare Anomalie sah, welche man dann und wann bei weiblichen Mitgliedern dieser wandernden Truppen findet; ihre Gesichtszüge documentirten ein Alter von wenigstens dreißig Jahren. Dann wurde der zweite Theil des Schauspiels annoncirt, vorher aber ein neues besonderes Douceur für den zu köpfenden Knaben beansprucht. Die beiden Hauptpersonen des Schauspiels, der zweite Döbler mit einem großen Schwerte und in einem abgeschabten Sammtrocke und der für den Richtplatz Bestimmte, ein blondhaariger Junge mit einem langen Hals, traten auf. Ihm wurden die Augen verbunden und der Escamoteur that, als wenn er die Execution so aus freier Hand stehend an ihm vornehmen wolle. Er besann sich aber und meinte, die Sache würde doch wohl bequemer ablaufen, wenn sie an dem Patienten liegend vorgenommen würde. Der Junge wurde deshalb auf einen im Hintergrunde stehenden Tisch gelegt. Obschon ich in äußerster Entfernung von der improvisirten Schaubühne stand, sah ich dennoch den Hergang der Operation ganz deutlich. Der Kragen der Jacke wurde dem Jungen über den Kopf gezogen und auf den Kragen ein anderer Pappkopf mit blonder Flachsperrücke aufgesetzt. Als der Mann mit dem Schwerte nun zuschlagen wollte, dauerte dem Jungen die Sache wohl zu lange oder er war neugierig, seine eigene Köpfung selbst mit anzusehen, genug, er steckte seinen eigenen Flachskopf aus der Jacke von neuem hervor und reckte den Zuschauern die Zunge heraus. Das Gelächter des Auditoriums übertönte den Trauermarsch der Blechmusik, eine schallende Ohrfeige von Seiten des Escamoteurs zwang den Inculpaten, seinen Kopf schleunigst hinter den Kragen seiner Jacke zurückzuziehen —

und nun sollte das Schauspiel von Neuem beginnen. Ich aber hatte vollständig genug gesehen, glaubte meinen Ohren und Augen die Fortsetzung des Schauspiels ersparen zu müssen und eilte hinaus.

Draußen schrieen die Lotterieunternehmer, die Akrobaten, die Wachsfigurencabinetteigenthümer, in deren Kunstwerkstätten man, wie in London in der Oxford=street, alle berüchtigt gewordenen Mörder von Ravaillac bis auf Schinderhannes an einem Tische sitzend sehen sollte, mit ihren heisern Stimmen neue Vorstellungen aus, die Rosse und Wagen der Caroussels wurden zu neuen Fahrten bestiegen, der Urwaldseigenthümer und die Urwaldsarrhas krächzten untereinander, die Bevölkerung der Schützenwiese hatte sich um zwanzig Procent vermehrt, ganz neue Gestalten und Figuren kamen zum Vorschein, die Rauch= und Staubwolken wirbelten immer dichter empor, der Abend dunkelte stark herein, einige Bier= und Branntweinbuden wurden zu Tanzlocalen umgeschaffen, und eine ganz neue Phase des Janhagel=Landtages sollte beginnen, — das Abend= und Nachtschauspiel bei Talgstümpfchen=, Oel= und Mondscheinbeleuchtung, der letzte Act, der gewöhnlich mit einer allgemeinen Prügelei und mit massenhaften Verhaftungen und neuen Recrutirungen für das Arbeitshaus zum Schluß kommt. Nichts hätte mich bewegen können, diese Schlußscenen mit anzusehen, selbst nicht die verlockenden Blicke der beiden hübschen Lotterieunternehmerinnen, welche auf uns mit Sicherheit gerechnet zu haben schienen, nicht das Versprechen meines tapfern Begleiters, daß ich unter dem Schutze seines Seitengewehrs sicherer sei, als unter dem Schutze der englischen Flagge mit dem gekrönten Leoparden. Mit Mühe drängten wir uns durch die immer massenhafter auftretenden Repräsentanten der Creme des Berliner Proletariats, mit noch grö=

ßerer Mühe entzogen wir uns der nach uns greifenden Armen, welche uns absolut die Zwangsanleihe der Dreier- und Silbergroschennoten octroyiren wollten; am Ausgangsthore war es bereits zu einer Prügelei zwischen Konstablern und betrunkenen Vertretern des Landtags gekommen, welches sich lawinenartig über den ganzen Platz fortsetzen zu wollen schien. — Der lange Arm eines baumlangen Konstablers griff über die struppigen Köpfe und zerquetschten Hüte und zog mich aus dem Gedränge. Ein Fiacre, in dem ein oberer Polizeibeamter hergekommen war, um das Nachtschauspiel zu überwachen, führte uns von dannen, und bald hörten wir das tausendfache Stimmgewirr des Janhagellandtages in weiter Ferne hinter uns, wie das entfernte Brausen der Meereswogen.

Siebentes Kapitel.

Ein Haus in der Vorstadt.

In der Rosenthaler Vorstadt oder im Voigtlande, also in jenem Stadttheile, welcher sich außerhalb der Stadtmauer bis zum Schönhauser Thore erstreckt, giebt es Häuser, wie man sie weder in ganz Berlin, noch in den übrigen Vorstädten findet. Sie stehen vereinzelt zwischen den großen, modernen Häusern, welche in den letzten zehn Jahren auch hier überall entstanden sind und nichts Charakteristisches haben, als dasselbe gleichförmige, langweilige Aeußere und ihren die Miether enjonirenden Hauseigenthümer im Innern; oder sie bilden auch noch an einigen Stellen eine oder zwei Seiten einer ganzen Straße und repräsentiren so die Alterthümlichkeit und die sonderbare Bauart der Vorstadt vor hundert Jahren. Sie sind oft nur so hoch, daß man in die Dachfenster von Außen hineinsehen kann; selten besitzen sie zwei Stockwerke. Meistens haben sie nur ein Erdgeschoß, welches oft mehrere Fuß unter dem Niveau der Straße liegt und zu dem man auf sechs Stufen hinabsteigen muß; ein Kellergeschoß fehlt gewöhnlich gänzlich. Ueber der Parterrewohnung oder eigentlich über dem Souterrain befindet sich sofort das Dach und auf diesem sind noch einige

Dachwohnungen angebracht. Selten, wie gesagt, haben
diese sonderbaren Häuser über der Parterrewohnung noch
einen ersten Stock, oder wenn dies ausnahmsweise der
Fall ist, so sieht man demselben an, daß er fünfzig Jahre
später entstanden ist, als sein Unterbau. Von einem
Hofraum ist natürlich bei diesen Häusern keine Rede;
nur zwischen dem Straßendamm und der Vorderseite der
Gebäude befindet sich eine grabenartige Vertiefung, welche
nach der Straße zu mit einem alten, baufälligen Geländer umgeben ist, damit die Vorübergehenden nicht hineinstürzen und nicht in die Fenster hineinfallen. Dieselben
befinden sich zur Hälfte unter dem Niveau der Straße,
und der Herunterfallende würde durch die Scheiben hindurch sogleich in die Parterrewohnung stürzen und sich
bei diesem Falle dennoch an der niedrigen Decke der
Stube den Kopf zerschlagen.

In einem dieser Häuser habe ich einen Bekannten
wohnen, den ich, ich weiß eigentlich nicht warum, dann
und wann besuche. Unsere Bekanntschaft rührt aus den
Kasematten der Festung Magdeburg her. Wir waren
dort während mehrerer Jahre zusammen eingesperrt, die
Motive unserer Einsperrung waren nur etwas von einander verschieden. Ich bewohnte diese nichts weniger
als comfortablen, in den Wällen der Citadelle eingerichteten Räume, in denen im vorigen Jahrhundert der Baron Friedrich von der Trenck, dann die Demagogen der
zwanziger Jahre, und vor 1848 Edgar Bauer und
Friedrich Saß sich langweilten, in Folge einer Thatsache,
welche das neue Preußische Strafgesetzbuch „Aufruhr mit
Waffen und Gewalt" nennt, mein Kamerad auf Grund
eines Paragraphen des zwanzigsten Titels des zweiten
Theils des Allgemeinen Preußischen Landrechts, der etwas
anders lautet und von Raubmord spricht. Die nun

antiquirte Preußische Criminal-Ordnung hatte bekanntlich noch eine Beweis-Theorie, das heißt, sie schnürte die richterliche Ueberzeugung in bestimmte Schranken ein und sagte: Unter diesen Umständen ist ein voller Beweis gegen den Verbrecher vorhanden, wo er zur vollen gesetzlichen Strafe verurtheilt werden kann, unter jenen Umständen aber nur ein halber Beweis, der eine geringere Strafe nach sich zieht. Die Thatsachen, welche gegen meinen Mitgefangenen aus der Festung Magdeburg sprachen, gehörten der zweiten Kategorie an, ob in Folge seines Leugnens oder aus anderen Gründen, weiß ich nicht — er hat sich auch gegen mich niemals über seine Schuld oder Unschuld klar ausgesprochen; — genug, es war Anfangs der dreißiger Jahre ein noch heute bekannter Raubmord in Berlin passirt. Es wurden eine Menge berüchtigter Personen inhaftirt und zur Untersuchung gezogen, unter ihnen auch mein Bekannter aus jenem kleinen alten Hause im Voigtlande. Sie saßen mehrere Jahre in der Stadtvoigtei, denn sie waren sämmtlich der That dringend verdächtig, aber sie leugneten hartnäckig, und es stellten sich nicht in hinreichender Menge Thatsachen heraus, auf Grund deren sie zur vollen gesetzlichen Strafe, zum Tode, verurtheilt werden konnten; sie wurden deshalb außerordentlich bestraft, nämlich mit lebenslänglicher Festungsstrafarbeit, welche gegen ihn auf der Festung Magdeburg vollstreckt werden sollte.

Er war eine sonderbare und eigenthümliche Natur. Vor jener Verurtheilung hatte er schon zu wiederholten Malen wegen kleinerer und größerer Vergehen mit den Gefängnissen und Zuchthäusern Bekanntschaft gemacht; er war aber immer nur auf Grund von Indicien, oder, wie man im gemeinen Leben zu sagen pflegt, wegen Verdachts verurtheilt; einen vollen Beweis hatte niemals ein

Preußischer Gerichtshof gegen ihn zu führen vermocht, und er behauptet bis heute, er sei immer vollständig schuldlos gewesen und die gegen ihn geführten Indicienbeweise seien nur in Folge der Verkettung zufälliger und sonderbarer Umstände entstanden. Ueber seine Jugend und Erziehung hat er mir niemals genügende Aufschlüsse gegeben; ich weiß nur, daß er im Voigtlande geboren und erzogen wurde, die Schuhmacherprofession erlernte, und als er Geselle geworden war, in Deutschland und Frankreich vielfach umherwanderte und endlich nach Berlin zurückkehrte. Er war ein geschickter und anstelliger Mensch, der außer seiner Profession Manches verstand und gelernt hatte. In seinem ganzen Wesen war nichts Gemeines und an den Verbrecher Erinnerndes. Groß und stattlich gewachsen, von sehr kräftigem Körperbau, schwarzes krauses Haar, nicht unangenehmes Gesicht, trat nur in seinen dunkeln, etwas tief liegenden Augen und in den Mundwinkeln dann und wann etwas hervor, was gegen seinen Charakter Verdacht einflößen konnte und auf Tücke und Bosheit schließen ließ, wenn man auch seine Antecedenzien nicht kannte. Consequenz in der Verstellung war ihm keineswegs abzusprechen und ein Hauptgrundzug seines ganzen Wesens. Zwanzig Jahre lang war er unter den Baugefangenen der Festung Magdeburg inhaftirt, ohne daß ihm in Betreff seiner Führung das Mindeste vorgeworfen werden konnte. Nach zehn Jahren seiner Gefangenschaft erreichte er es, daß ihm die Fesseln abgenommen wurden. Nur die halb graue, halb gelbe Kleidung, welche er trug, und die beiden Eisenringe an den Beinen, welche dem Baugefangenen bei seiner Einkleidung angeschmiedet werden, verkündeten die Kategorie von Verbrechern, zu der er gehörte. Er machte niemals einen Fluchtversuch, fehlte niemals in der Kapelle, welche in einer Kasematte zum Gottesdienst eingerichtet war, und hörte die Predigt von Anfang bis zu Ende mit der größten Aufmerksamkeit an. Später wurde er zu den Einkäufen der Lebensmittel behufs Verpflegung der Baugefangenen in der Stadt benutzt; er hatte während seines Aufenthalts in Frankreich die Kochkunst erlernt und wurde auf der Citadelle als Koch der Gefangenen verwendet. Zugleich fing er wieder an, seine Profession als Schuhmacher auszuüben, versohlte und flickte den Staatsgefangenen ihre Schuhe und Stiefel, machte das Brennholz klein, und erlangte auf diese Weise bereits im zehnten Jahre seiner Gefangenschaft, daß er von den beschwerlichen Erdarbeiten der Baugefangenen gänzlich dispensirt und lediglich zu allen häuslichen Geschäften verwandt wurde, welche innerhalb der Citadelle vorfielen. Trotz alledem ist mir sein eigentlicher und wahrer Charakter niemals zweifelhaft geblieben; ich halte ihn auch noch heute für einen höchst gefährlichen Menschen. Aber er wußte, daß, wenn ein zu lebenslänglicher Gefangenschaft verurtheilter Verbrecher sich zwanzig Jahre lang gut und tadellos betragen hat, von Seiten der Commandantur sein Begnadigungsgesuch unterstützt und befürwortet zu werden pflegt. Hierauf hoffte er, und in dieser Hoffnung verbarg er sein eigentliches Wesen so consequent und so sorgfältig zwanzig Jahre lang, daß der nicht aufmerksame Beobachter ihn für einen ordentlichen und gebesserten Menschen halten mußte. Ich habe auf seinem Gesichte niemals, auch wenn er sich für ganz unbeobachtet halten konnte, einen andern, als einen ergebenen und ruhigen Ausdruck gesehen, die Miene eines Menschen, welcher unschuldig verurtheilt ist und sich mit Ergebenheit in sein Schicksal gefügt hat. Er wandte sich deshalb während zwanzig Jahre auch niemals um Be=

gnadigung an das Cabinet, wie es seine Kameraden alle
fünf Jahre thaten; er wartete mit der größten Geduld
auf das Ende des zwanzigsten Jahres seiner Gefangen=
schaft, wo von Seiten der Commandantur dies officiell
zu geschehen pflegt. Er wußte, daß ein verfehltes Gesuch
ihm schädlich werden konnte, und darum wartete er. So
erreichte er denn auch endlich mit Sicherheit das lang
ersehnte Ziel. Er wurde begnadigt, und vor einigen
Jahren begegnete er mir unerwartet in Berlin auf der
Straße. Mit dem ihm eigenthümlichen stillen Lächeln,
was nur der an ihm bemerkt, dem er Vertrauen schenkt,
erzählte er mir, daß er begnadigt sei und wieder in der
Rosenthaler Vorstadt wohne, wo er seine Profession
ausübe.

Seit dieser Zeit besuche ich ihn dann und wann,
wenn ich in seine Gegend komme. Ich muß seine weitere
Lebensentwickelung und sein Ende sehen. Nach meiner
Meinung ist es das Zuchthaus oder das Schaffot. Wenn
ich criminalgerichtliche Bekanntmachungen in Betreff
schwerer und gefährlicher Diebstähle im Intelligenzblatte
lese, denke ich unwillkürlich an ihn; doch habe ich seinen
Namen niemals gefunden. Vielleicht irre ich mich in
ihm; doch nein, ein solcher Blick, wie in seinem Auge
und ein so verstecktes tückisches Lächeln in den Mund=
winkeln trügt selten!

Das Haus, in dem Schmidt — so will ich ihn hier
nennen — seit Kurzem wohnt, hat ausnahmsweise über
dem Parterre oder eigentlich Souterain, noch einen ersten
Stock und auch einen hintern Hofraum; sonst steigt man
auch hier fünf Stufen von der Straße abwärts und
bückt den Kopf, um in die niedrige Hausthür einzutreten.
Auf einem schmalen, dunklen Hausflur, der nur durch
die offene Hausthüre sein Licht empfängt und kein Fen=

ster hat, öffnet sich rechts eine schmale Stubenthür, an der man auf einem mit Dinte geschriebenen Pazierzettel die Worte liest: „Destillation." An einer andern Thür links stehen mit Kreide die Worte geschrieben: „Zu vermiethen; Näheres beim Wirth in der Destillation." Die Wohnung oder eigentlich der kellerartige Raum, zu dem diese zweite Thür führt, steht schon seit einem halben Jahre leer; er ist so feucht und ungesund, daß seine Bewohner deshalb ausgezogen sind und sich sogar im Vogtlande seit sechs Monaten Niemand gefunden hat, der diese Räume hat miethen wollen. Und doch ist es keine Fabel, daß es in den großen Familienhäusern vor dem Hamburger Thore Stuben giebt, in denen mehrere Familien in der Art zusammenwohnen, daß ein Kreidestrich auf dem Fußboden die Stube in zwei oder drei Reviere theilt, und jedes Revier einer einzelnen Familie als Wohnung angewiesen ist. Wie ungesund und erbärmlich muß diese Parterrewohnung sein! Die Thüre ist nur angelehnt; dort drinnen ist Nichts zu nehmen. Blicken wir hinein, wie die Wohnung aussieht.

Die Fensterbretter liegen wenigstens drei Fuß unter dem Niveau der Straße, die Stuben empfangen das Licht also nur durch die obern, halb erblindeten Scheiben dieser schmalen kleinen Fenster, so daß von einer eigentlichen Tageshelle in ihnen niemals die Rede sein kann. Es schlägt jetzt zwei Uhr auf dem Kirchthurme in der Sophienstraße, und schon ist es hier so dunkel, als wenn es fünf Uhr wäre! Die Wände und die Decke waren vor Jahren einmal weiß, der Rauch und die Zeit haben ihnen allmälig ein Colorit gegeben, was die Mitte zwischen dunkelgrau und schwarz einnimmt. Die Decke ist so niedrig, nicht, daß ich sie mit der Hand erreichen kann, sondern daß ich, wenn ich ganz gerade stehe, mit dem

Kopfe daran stoße! Die Luft ist feucht und moderig; die Luft in den Magdeburger Kasematten, die doch zwanzig Fuß hoch mit Erde bedeckt waren, war reiner und gesunder. Gedielt war der Fußboden nicht. In der ersten Stube war er festgestampft, wie die Flure in den Bauernhäusern Westphalens, in der zweiten war offenbar einst ein hölzerner Fußboden gewesen, einzelne Ueberreste an den Wänden zeugten noch davon, jetzt war der nackte feuchte Boden an die Stelle der hölzernen Dielen getreten. Ein großer schwarzer Kachelofen nahm die eine Ecke der ersten Stube ein, und unterschied sich in seiner Farbe wenig von den Wänden. Ein modriger Dunst wehte mich an. Und hier haben Menschen gewohnt, wenige Schritte von den Thoren der glänzenden, reichen Stadt. Hier wohnen und leben nach wenigen Wochen wiederum Menschen, welche doch kraft ihrer Geburt, weil sie geboren sind und existiren, denselben Anspruch auf Lebensgenuß haben, wie die reichen Leute in ihren palastartigen Häusern, welche dort von allem Luxus und allen Bequemlichkeiten umgeben sind, welche die raffinirtesten Sinne nur erfinden können, weil sie zufälligerweise dort und nicht im Voigtlande geboren sind, weil zufälligerweise ihr Vater kein armer Handwerker, sondern ein reicher Kaufmann und ihre Mutter kein armes Proletariermädchen, sondern eine reiche Erbtochter aus einem sogenannten vornehmen und reichen Hause war!

Treten wir in das an der andern Seite des Hausflurs liegende Zimmer, an dessen Stubenthür das Wort „Destillation" zu lesen ist. Die Destillationen sind Lokale, welche den nördlichen Ländern Europa's wohl eigenthümlich angehören, Branntweinsläden und Schänken, in denen jener verderbliche und schreckliche Stoff verkauft wird, den alle Mäßigkeitsvereine und Mäßigkeitsapostel nicht wegschaffen werden, weil er dem Proletarier bei den schlechten Nahrungsmitteln, welche er zu erwerben nur im Stande ist, in der kalten feuchten Luft des Nordens zum Bedürfniß wird, und das Land keinen Wein hervorbringt, um dies Bedürfniß zu ersetzen. Man muß die Destillationen Berlin's oder die Branding-houses Londons in den ärmeren und entlegenen Stadttheilen besuchen, um die Wirkungen des Branntweins in ihrer Scheußlichkeit zu sehen. In Berlin ist eine eigenthümliche Einrichtung getroffen, um den längeren Aufenthalt in diesen Räumen einigermaßen vorzubeugen, — sie dürfen keinen Stuhl und auch keinen Tisch haben, als nur den Schenktisch, — das Sitzen ist also unmöglich gemacht, und es erschwert dies allerdings einigermaßen den längeren Aufenthalt. Weniger wird indeß darum nicht getrunken, höchstens schneller. Ein Glas Branntwein wird nach dem andern stehend hinunter gestürzt, und taumelnd verläßt der Trinkende nach einer halben Stunde das Lokal, welches er sonst, wenn er seinen Branntwein sitzend getrunken hätte, nach zwei Stunden auch taumelnd verlassen haben würde. In den Bierhäusern hat die Polizei aus Sittlichkeitsgründen die Mädchen als Kellnerinnen abgeschafft, in der Destillation ist das Schänkmädchen hinter dem Schänktisch wunderbarer Weise geblieben. Die Motive kenne ich nicht; jedenfalls hätte man mit der Abschaffung der Schänkmädchen in den Branntweinläden beginnen sollen. Ich wenigstens habe immer aus tiefster Seele diese armen Geschöpfe bedauert, welche den ganzen Tag über dem rohen und gemeinen Gesindel, was sich in den Branntweinläden umhertreibt, Schnaps einschenken müssen. Jeder Rest von weiblichem Schamgefühl muß dort am ersten Tage zu Grunde gehen. In London haben die Branding-houses durch die Straßen-

birnen, welche dort schaarenweise aus und einkehren, um
sich durch große Gläser Whisky oder Brandy zu ihren
Promenaden in der feuchten Nebelluft auf der Gasse zu
stärken, eine ganz eigenthümliche Physiognomie. Fast
durchschnittlich schön, bilden diese Mädchen in ihrer glän=
zenden Toilette, mit ihren edelgeformten Gesichtern und
ihren üppigen Gestalten einen höchst sonderbaren Contrast
mit dem Lumpengesindel, was sich dort umhertreibt. In
Berlin ist es nur das Letztere, was sich in den Brannt=
weinsschenken aufhält. Ein nur etwas anständig aus=
sehender Mensch kommt selten dorthin, vielleicht dann
und wann ein Dienstmädchen aus der Nachbarschaft,
welche Spiritus für den Haushalt holt und sich scheu
und schnell wieder entfernt.

Hier in der Vorstadt war es ebenfalls der Ausschuß
der Bevölkerung, der schon um zwei Uhr Nachmittags
Schnaps trank. Der Raum war niedrig und düster, wie
der gegenüber liegende, der zu vermiethen war, nur sah
er etwas besser und wohnlicher aus. Er war gedielt und
die Wände hatten einen weißen Anstrich. Statt des
dunstigen, modrigen Geruchs erfüllte ein intensiver Brannt=
weindunst die Atmosphäre, der allein schon auf schwache
Nerven berauschend wirken muß. Hinter dem Schenktisch
stand ein junges Mädchen, welches noch nicht zwanzig
Jahr alt sein konnte, und schenkte einem ganz zerlumpt
und schmutzig aussehenden Kerl ein Glas Kümmelschnaps
ein, dessen Inhalt er auf einen Zug herunter stürzte,
um sofort noch ein zweites Glas zu fordern. Er schien
schon viel getrunken zu haben, denn sein Gang war
etwas schwankend und auf seinem Gesicht war bereits
jene fliegende Röthe eingetreten, welche die Folge des
Genusses einer bedeutenden Quantität von Branntwein
zu sein pflegt. Eine alte Mütze, deren ursprüngliche

Farbe nicht mehr zu erkennen war, bedeckte sein wahrscheinlich wochenlang nicht gekämmtes struppiges Haar, seine Gesichtszüge waren roh und gemein und paßten zu den schmutzigen Scherzen der niedrigsten Art, welche seine Unterhaltung mit dem Mädchen bildeten. Das Mädchen war ohne Zweifel ein wirkliches Vogtlandskind, im Vogtland geboren und erzogen; denn auf ihrem hübschen Gesicht zeigte sich auch bei den rohesten und gemeinsten Ausdrücken des halbtrunkenen Kerls nicht eine Spur von Scham oder Verlegenheit. Sie hatte wahrscheinlich als Kind bereits Abends auf den Straßen der Residenz oder in den Bierhäusern und Branntweinläden Veilchen- und Rosenbouquets verkauft, und die Jungfräulichkeit ihrer Seele früher eingebüßt, als sie sich derselben bewußt geworden war. Als sie nun mit dem vierzehnten Jahre irgend einem alten, abgelebten Wüstling in die Hände gerieth, hatte sie eigentlich nichts mehr zu verlieren. Sie sank immer tiefer, und nach wenigen Jahren war ihre Seele so entsittlicht, daß ihr Körper in der Entsittlichung mit der Seele nicht gleichen Schritt halten konnte. Sie war noch nicht zwanzig Jahre alt; auf ihrem Gesicht blühte Jugend und Gesundheit, und ihre Wangen waren mit der Farbe der Rosenknospen bedeckt, welche sie einst als achtjähriges Kind in dem kleinen Körbchen verkaufte — aber ihr Herz war zertreten und ihre Seele war ein schmutziger Sumpf geworden. Die Redensarten des Halbtrunkenen hatte sie schon als achtjähriges Kind gehört, als sie sie noch nicht verstand, und vor der zehnjährigen Gewohnheit erröthet man nicht mehr. Sie schenkte ihm deshalb so viel Branntwein ein, als er trinken wollte und so lange als er bezahlte; das Uebrige ging sie nichts an, es berührte sie gar nicht. Ab und zu kamen einige kräftig und ordentlich aussehende Arbei=

ter, welche zu Hause ihr Mittagessen genossen hatten und zur bessern Verdauung beim Vorübergehen ein Glas Branntwein tranken. Sie tranken und bezahlten, ohne sich lange aufzuhalten, und ohne sich mit dem Betrunkenen weiter einzulassen. Dann wurde die Thüre aufgerissen, und lärmend traten zwei andere Kerle herein, welche wahrscheinlich schon anderswo während des Vormittags getrunken hatten; denn sie schienen nichts weniger, als nüchtern zu sein. Sie forderten mehrere Gläser Brannt=wein, und stießen mit dem Kerl, der am Schenktisch stand, an; einer zog ein schmutziges Spiel Karten aus der Tasche, und sie begannen um die Zeche sechs und sechszig zu spielen, den Schenktisch als Spieltisch benutzend. Das Mädchen verbot ihnen dies, sie geriethen mit demselben in Streit und brachen in die gemeinsten und schmutzig=sten Redensarten aus, bis es damit drohte, den Haus=wirth zu rufen, und sie aus dem Schenkzimmer bringen zu lassen.

„Wirth is nich, ik habe ihn eben in de Ackerstraße begegnet," erwiderte einer der Kerle, und griff nach dem Mädchen, welches sich in die Fensterecke hinter dem Schenktisch zurückzog und dort für den Augenblick hin=reichenden Schutz fand. Der zuerst Dagewesene, den der stark genossene Branntwein streitsüchtig machte, gerieth nun mit den später gekommenen in Streit und der Haber drohte in eine Prügelei auszuarten, als das Mädchen einen vorübergehenden Konstabler bemerkte und zu Hülfe rief. Ich erwartete die Entwickelung der Scene, die wahrscheinlich mit der Verhaftung der drei Betrunkenen endigte, nicht ab, ging hinaus und stieg die schmale dunkle Treppe zu meinem Bekannten aus den Kasematten der Festung Magdeburg hinauf.

Schmidt war zu Hause. Seine Wohnung war die

beste in dem ganzen Hause und mit alten birkenen Möbeln ziemlich ordentlich ausgestattet, die Wände hatten einen gelben Oelanstrich und die Decke war noch in diesem Jahre neu geweißt worden. In einer Ecke stand sogar ein altes, etwas zerrissenes Sopha. Ich hatte ihn in dieser Wohnung noch nicht besucht, war indeß über die Einrichtung gar nicht verwundert. In der Kasematte hatte er unter den übrigen Baugefangenen sich immer die beste und wohnlichste Ecke in der Nähe des Fensters für seinen Schustertisch und seine Matratze zu verschaffen gewußt. Wenn er dort das Mittagessen für seine im Festungsrayon mit Erdarbeiten beschäftigten Kameraden kochte, hatte er die beste Brühe vorhergetrunken, und sich durch seine Schuhmacherarbeiten und kleinen Dienste, die er den Staatsgefangenen und den Aufsehern leistete, fortwährend einige Nebenverdienste verschafft, mit denen er seine Lage so erträglich wie möglich machte, so daß sie jedenfalls besser war, wie die aller Uebrigen. Schmidt saß hinter seinem Arbeitstische und schien rührig mit dem Versohlen von Stiefeln beschäftigt. Allerlei zerrissenes Schuhwerk lag um ihn herum, der Tisch war mit Arbeitswerkzeugen und mit einzelnen Stücken Leder bedeckt, so daß die ganze Umgebung den Eindruck eines fleißigen Handwerkers machte, obschon ich der Ueberzeugung bin, daß er nur dann arbeitet, wenn es für ihn gar keine andere und leichtere Nebenverdienste giebt. Er that, als wenn er das Oeffnen der Thüre nicht hörte, und hämmerte, ohne aufzusehen, auf die Stiefelsohlen los. Wahrscheinlich dachte er, es sei ein Besuch des Konstablers, von dessen Anwesenheit im Hause bei dem Spektakel in der Branntweinstube er gehört haben mußte. Als ich ihm guten Tag sagte, und er mich erkannte, legte er auch sofort die Arbeit aus den Händen. Ich

bot ihm eine Cigarre an, und setzte mich auf einen
zweiten Schusterschemel, der am Tische stand. Seit einem
halben Jahre hatte ich ihn nicht gesehen. Er war nicht
älter geworden. Sein Aussehen war und blieb immer
dasselbe, wie vor mehreren Jahren auf der Festung
Magdeburg. Die Zeit schien über diesen Mann keine
Gewalt zu haben. Er mußte über die Mitte der fünf=
ziger Jahre hinaus sein, schien aber trotz seines langen
Gefängnißlebens nicht älter, als Anfang der Vierzig.
Auf seinem runden und vollen, etwas von Blatternarben
entstellten Gesichte zeigten sich nur in den Augenwinkeln
einige Falten als Vorboten des kommenden Alters, in
seinem schwarzen, krausen Haar war noch keine graue
Stelle, nicht einmal an den Schläfen zu entdecken. Er
hatte dieselbe leidende und ruhige Miene, die ich in Magde=
burg immer auf seinem Gesicht gesehen, und die ihn,
wenn er sich beobachtet glaubte, nie verließ, obschon dies
gewiß nicht sein eigentlicher Gesichtsausdruck war. Mit
derselben ruhigen und tonlosen Stimme, mit der er in
Magdeburg mit seinen Kameraden und mit seinen Auf=
sehern gesprochen hatte, erzählte er mir, daß er in dieser
Gegend der Vorstadt hinreichende Arbeit finde, um sich
ordentlich und seinen Bedürfnissen gemäß zu ernähren,
und theilte mir mit einem etwas maliziösen Lächeln mit,
daß es einem andern Baugefangenen, der, so wie er,
wegen desselben Verbrechens auf Verdacht zu lebens=
länglicher Haft auf der Festung Stettin verurtheilt sei,
nicht gelungen wäre, nach zwanzig Jahren Strafzeit be=
gnadigt zu werden. Ich fragte ihm nach dem jungen
Mädchen unten in der Branntweinstube; er behauptete,
sie nicht zu kennen.

„Sie wissen ja," erwiderte er, als ich meine Frage
wiederholte, „ich besuche die Branntweinstuben nicht,

trinke auch nur Morgens ein Gläschen. Auch mache ich mir aus Frauenzimmern nichts."

Sein Gesicht hatte einen unverkennbar sinnlichen Ausdruck, der nicht täuschen konnte. Die Verstellung ärgerte mich. Daß er das Mädchen in der Branntweinstube nicht kannte, auch diese Branntweinstube nicht besuchte, glaubte ich ihm zwar: denn er war klug genug, um sich auch in seiner nächsten Umgebung zu verstellen. Aber, daß er im Allgemeinen diese Behauptung aufstellte, und mir gegenüber aufstellte, erschien mir doch zu frech.

"Ja, ja," sagte ich, "Ihr seid ja auch nur auf Verdacht verurtheilt, Schmidt," und stand auf, um zu gehen.

"Allerdings," erwiderte er mit einem stechenden Blick, "wenn der Zeuge, durch den ich mein Alibi beweisen konnte, während der langen Voruntersuchung nicht gestorben wäre, wäre ich auch frei gesprochen."

"Das Elysium und das Eldorado besucht Ihr wohl gar nicht?" fragte ich, schon fortgehend.

"Nein! Wie sollte ich auch dazu kommen? Ich bin ein alter Mann, tanze nicht, und mache mir, wie Sie ja wissen, aus Frauenzimmern nichts."

Die Heuchelei langweilte mich, und ich ging. Er klopfte sofort wieder auf seine Stiefelsohlen los. Ich stand noch einige Minuten auf dem kleinen, dunklen Flur, hörte ihn aber immer noch klopfen. Er konnte ja denken, ich wäre noch draußen, und er schien es darauf angelegt zu haben, auch in meinen Augen sich keine Blöße zu geben, obschon, wenn er derartige Behauptungen, wie heute, aufstellte, oft unwillkürlich ein schlaues Lächeln über sein Gesicht zuckte, und er mich mit einem Ausdrucke ansah, als wenn er sagen wollte: "Ich weiß, Sie glauben das Alles ja doch nicht; warum fragen Sie also?" — Nach einer halben Stunde, davon war ich überzeugt, klopfte er seine Stiefelsohlen nicht mehr.

Ich ging drüben in die andere Wohnung. Es wohnte dort eine arme, ältliche Frau mit ihren beiden Töchtern, die ich kannte. Die Mutter war ausgegangen. Marie und Auguste nähten Hemden für einen Laden in der Stadt, und waren im Begriff, Kaffee zu bereiten, wozu sie mich einluden. Ich hatte dies erwartet, und hatte ihnen Kuchen aus der Stadt mitgebracht. Die Wohnung der Mädchen war klein und ärmlich, aber rein und ordentlich. Das ganze Ensemble machte einen sehr wohlthuenden Eindruck. Auguste war brünett, groß und schlank gewachsen, sie hatte schöne, braune Augen und angenehme Gesichtszüge. Sie war noch nicht achtzehn Jahre alt. Marie war ein Jahr älter, als die Schwester, blond und von weicheren, zarteren Formen. Und wer waren diese jungen Mädchen? Auch der aufmerksame Beobachter hätte sie für wohlerzogene Töchter eines Handwerkers halten müssen. Im Voigtlande galten sie dafür. Ihr Vater war Maschinenmeister in einer dortigen Fabrik gewesen, ihre Mutter war die Tochter eines Krämers aus der Vorstadt. Beide Mädchen waren im Voigtlande geboren und erzogen, und ihr Vater, ein ordentlicher, verständiger Mann, hatte ihnen einen guten Schulunterricht geben lassen. Vor einigen Jahren war er an der Cholera gestorben, ohne der Frau und den Kindern das Mindeste zu hinterlassen. Marie und Auguste waren nicht als kleine Kinder in die Stadt geschickt worden, um auf den Straßen Schwefelhölzer und Blumenbouquets zu verkaufen; ihre Seele war nicht früh entsittlicht worden, wie die Seele des jungen Mädchens dort unten in der Branntweinstube. Und doch waren sie tief gesunken, obwohl man in ihrer eigentlichen Heimath in der Vor-

stadt keine Ahnung davon besaß. Sie hatten, wenn auch
das Schamgefühl verloren gegangen war, doch noch Ehr=
gefühl. Sie mochten unter ihren Bekannten und Jugend=
gespielen im Voigtlande nicht für das gelten, was sie
geworden waren. Sie besuchten deshalb die Tanzlokale
in der Vorstadt niemals. Während des Tages arbeiteten
sie für ein Ladengeschäft und nähten Hemden oder ver=
fertigten Stickereien; aber Abends, wenn es dunkel wurde,
gingen sie in die Stadt, promenirten unter den Linden
oder in der Friedrichsstraße, und machten Bekanntschaften.
Auguste, die jüngere, hatte zuerst diesen Weg betreten.
Sie hatte Lust zu leben und zu genießen. Was können
zwei junge Mädchen mit der Nähnadel und am Stick=
rahmen verdienen, um so mehr, wenn sie noch eine alte
und kränkliche Mutter zu ernähren haben! Ein erbärm=
licher Handelsmann, für dessen Laden Auguste Sticke=
reien arbeitete, hatte das hübsche junge Mädchen, ihre
Sinnlichkeit und Genußsucht aufregend, zuerst verdorben,
und nach einigen Wochen fortgeschickt. Dann war sie
zufällig in Bekanntschaften auf der Straße gerathen, der
böse Engel ihrer Schwester geworden, und nach und nach
waren beide Mädchen immer tiefer gesunken. Sie hatten
Champagner trinken und Austern essen gelernt, besuchten
mit den Herren, welche sie Abends trafen, die Delikatessen=
keller, ließen sich Theaterbillets für den dritten Rang im
Opernhause schenken, und kehrten dann spät Abends oder
in der Nacht erschöpft, ermüdet, übersättigt und angeekelt
von dem eigenen Leben, in ihre stille Wohnung nach der
Vorstadt zurück, um den nächsten Abend wieder auf die=
selbe Weise zuzubringen. Ich lernte sie bei Gelegenheit
eines kleinen Soupers kennen, welches einer meiner Be=
kannten gab, und sie interessirten mich, weil sie jung und
hübsch waren, weil sie eine gewisse Tournüre und Bil=

bung hatten, und in ihrem ganzen Wesen sich nichts Gemeines aussprach. Es war ihnen ja nur so ergangen, wie hundert und aber hundert andern jungen Mädchen aus dem Volke. Sie waren gesunken, weil sie nach den Genüssen des Lebens getrachtet, die der Arme nur sehen, aber nicht kosten soll, weil sie durch die Arbeit ihrer Hände nur das trockene Brod verdienen konnten, und weil ihr armer Vater ihnen das Gefühl für Ehre und den Stolz, der Kindern aus vornehmern Stande schon angeboren und anerzogen wird, bei ihrer Erziehung nicht eingeimpft hatte, weil er ihn selbst nicht kannte. Der Proletarier sieht eine Handlung seiner Tochter oft mit Gleichgültigkeit an, über welche der Mann vom Stande sich aus Verzweiflung das Haar ausraufen würde: das Blut, die Erziehung und die Lebensweise machen einen Unterschied; denn sie machen den Charakter des Menschen.

Ich hatte mit beiden Mädchen immer ernsthaft über ihr Leben und ihre Verhältnisse gesprochen. Sie wußten, was sie thaten, sie schämten sich sogar dessen; denn sie verbargen ihr umher schweifendes Leben in der Stadt vor der Vorstadt auf das sorgfältigste, ohne indeß einen Abscheu dagegen zu empfinden, und ohne sich herausreißen zu wollen. Was war es, was sie festhielt. War es die Gewohnheit, war es Genußsucht, war es Mangel an Arbeitslust? Ich weiß es nicht. Ihnen war mehrmals die Hand geboten worden, ein anderes Leben zu beginnen; sie fielen dennoch bald in die alten Gewohnheiten zurück. Wer ist immer im Stande, die Empfindungen des Herzens zu erklären, und dafür die richtigen Motive anzugeben? Einer meiner politischen Freunde in London, ein Flüchtling, dessen Name in den Schlachten des ungarischen Krieges vielfach mit Ruhm in Europa genannt ist, fuhr mit mir eines Abends auf der

Themse aus Westend nach einem entlegenen Theile der
City. Während der Fahrt fiel uns eine junge Dame
durch ihre wunderbare Schönheit auf, wie man sie in
Europa nur auf den Gesichtern der englischen Frauen
findet. Sie war elegant, aber durchaus nicht auffallend
gekleidet, und in Gesellschaft eines ältern Mannes, der
durchaus das Ansehen eines Gentleman hatte. Wir
suchten mit ihm eine Conversation zu beginnen, welche
er indeß abbrach. Am Landungsplatz des Dampfschiffes
nahm er ein Cab, und fuhr mit der Dame in die Stadt,
so daß eine Nachforschung, wer sie waren, unmöglich wurde.
Das himmlisch schöne Gesicht des jungen Mädchens, der
weiche Ton ihrer Stimme wollte meinem Freunde indeß
gar nicht aus dem Gedächtniß kommen. Einige Tage
darauf gingen wir Abends, als bereits die Gaslaternen
angezündet waren, auf Haymarket spazieren. Ein junges
Mädchen eilte an uns vorüber; ich erkannte sie sofort,
es war die Dame vom Dampfschiff. Wir gingen ihr
nach, und was erfuhren wir? Sie gehörte unter die
Klasse der unglücklichen Geschöpfe, welche sich Abends in
Haymarket und in Regentstreet umhertreiben, um Bekanntschaften zu machen. Dadurch war indeß die Zu-
neigung meines Freundes für das Mädchen nicht erloschen.
Er bedauerte nun um so mehr, daß so viel Jugend und
Schönheit in einer so elenden Weise zu Grunde gehen
sollten, und nahm sich des Mädchens an. Sie war die
Tochter eines wohlhabenden Krämers aus der City. Er
brachte sie den Eltern zurück, welche sie, wie das in England unter solchen Verhältnissen nicht oft vorkommt,
mitleidsvoll wieder aufnahmen. Nach einigen Wochen
fanden wir sie wieder in Regentstreet; sie hatte das alte
Leben von Neuem begonnen. Die Eltern wollten nun
nichts mehr von ihrer Wiederaufnahme hören. Mein

Freund nahm sich deshalb selbst ihrer an, brachte sie in Pension, bestritt alle ihre Bedürfnisse und suchte ihr Gefühl für Scham und Ehre wieder zu erwecken. Sie hielt einige Wochen aus; dann trafen wir sie Abends wieder in Regentstreet. Was daraus geworden ist, weiß ich nicht; jedenfalls war mein Freund nach mehreren Monaten, im Augenblicke meiner Abreise mit seinen philantropischen Versuchen noch zu keinem günstigen Resultat gekommen.

Warum war es nicht möglich, sie aus dem Leben, welches sie führte, und welches sie in wenigen Jahren ruiniren mußte, heraus zu reißen? Die Gründe mochten wohl bei Augusten und Marien dieselben sein, wie bei jenem Mädchen in Haymarket. Auch heute sprach ich mit ihnen über das Thema und fragte sie, ob denn die Mutter um ihr zuchtloses Leben wisse?

„Allerdings weiß sie darum," entgegnete mir Auguste.

„Sie weiß es, und giebt dazu ihre Zustimmung?"

„Sie giebt ihre Zustimmung nicht; denn sie spricht nie mit uns darüber. Aber sie leidet es doch. Die Mutter müßte auch sehr kärglich leben, wenn sie von den wenigen Groschen existiren sollte, welche wir mit Nähen und Sticken verdienen können."

Ich schwieg. War jene Frau nicht weit tiefer gesunken, wie ihre Tochter, da sie sich von dem Lebensgenüsse verschaffte, was die Mädchen mit der Schande verdienten.

Es war inzwischen dunkel geworden, und ich ging.

Die Aeltere hatte ein Licht angezündet und trat mit mir auf den kleinen Flur hinaus, um mich die Treppe hinab zu begleiten. Drüben bei Schmidt war alles still. Ich hörte ihn nicht mehr klopfen, und doch war Licht in seinem Zimmer. Ich ersuchte das Mädchen, mit der

Kerze zurückzubleiben, ich würde schon allein den Weg auf die Straße finden. Sie ging zurück. Als sie die Thüre hinter sich geschlossen hatte, bückte ich mich und sah durch das Schlüsselloch in Schmidt's Stube. Die Thüre war geschlossen, aber der sonst so vorsichtige Mensch hatte vergessen, den Schlüssel inwendig einzustecken, und ein langer Lichtstreifen, der durch das Schlüsselloch fiel, hatte mir seine Anwesenheit verrathen. Was sah ich? Das alte Sopha stand der Thüre gerade gegenüber in einer Ecke des Zimmers. Ein Licht brannte auf dem vor dem Sopha stehenden Tische und beleuchtete diesen Theil des Zimmers. Auf dem Tische standen zwei große Gläser mit Grogg und auf dem Sopha saß ein Frauenzimmer, dessen Charakter an ihrem frechen Gesicht nicht zu verkennen war. Vor dem Tische stand Schmidt, oder war er es nicht? Es war seine Gestalt, sein schwarzes, krauses Haar, nur sein Gesicht war nicht wieder zu erkennen. Von dem leidenden, geduldigen Wesen war nichts mehr in diesen Zügen zu entdecken. Wilde Leidenschaft zuckte jetzt um diesen sonst leidenden Mund, frecher Hohn lagerte auf der sonst so demüthigen Stirn, Sinnlichkeit und Gier blitzte aus diesen, sonst so trüben, halbgeschlossenen, jetzt großen und funkelnden Augen. Er griff nach dem Glase, stürzte es mit einem Zuge hinunter und stieß in der Diebessprache der Gauner und Spitzbuben eine Redensart aus, welche zu wiederholen unmöglich ist, deren Sinn ich aber noch aus meiner frühern criminalistischen Praxis verstand.

Jetzt war mein Wunsch erreicht. Ich hatte endlich einen Beweis für seinen Charakter, an dem ich nie gezweifelt habe. Nicht den duldenden Kettengefangenen aus der Festung Magdeburg, nein, den frechen Raubmörder hatte ich gesehen, der auf Verdacht nur zu zwanzig Jahren

Festungsstrafe verurtheilt war. Langsam stieg ich die
Treppe hinab, und verließ das kleine Haus in der Vorstadt, welches mir eine Reihe menschlicher Wesen, auf
den verschiedensten Stufen der Schande und der Gesunkenheit stehend, gezeigt hatte. — Es war ein trüber und
regnerischer Abend. An den Straßenecken träumte ein
Droschkenpferd von vergangener Herrlichkeit, als es noch
ein stolzes Reitpferd war und ein schönes Mädchen im
Galopp auf seinem Rücken in den schattigen Alleen des
Thiergartens trug; der Droschkenkutscher nickte halb
schlafend, halb wachend auf dem Bocke mit dem Kopfe,
daß das Regenwasser stromweis von seinem wachstuch-
überzogenen Hute auf den Mantel floß. Ich weckte Roß
und Kutscher aus ihren Träumen, und fuhr nach dem
Schauspielhause, um die Fiammina zu sehen.

Achtes Kapitel.

Ein Haus in der Friedrichsstadt.

Wenn ein Materialwaarenkrämer während zwanzig Jahren mit Butter, Käse, Kaffee, Zucker und all den tausend Kleinigkeiten gehandelt hat, welche die in den nächstliegenden Straßen wohnenden Hausfrauen außer dem Fleische zum Haushalte und zur Ernährung der Familie bedürfen, so hat er sich einige Tausend Thaler erspart, und zieht sich aus dem Geschäft zurück. Er wird dann Rentier und kauft sich ein Haus, worauf er fünftausend Thaler anzahlt und fünfzehntausend Thaler, zu fünf und vier Prozent verzinsbar, schuldig bleibt, und im Wohnungsanzeiger liest man im nächsten Jahre hinter seinem Namen den Titel Rentier und Hauseigenthümer, zwei Worte, welche ihm und allen Miethern seines Hauses großen Respect einflößen. Er thut dann bis zu seinem Tode nichts mehr, als daß er im Schlafrock und Pantoffeln, die lange, mit einer Mischung aus Varinas und Portorico gestopfte Pfeife oder die Dreiercigarre im Munde in seinem neu erworbenen Haase hin- und hergeht, seine sämmtlichen Miether mit seinen Launen und der Hausordnung, welche die Hälfte jedes Mieths-Con-

tractes einnimmt, tyrannisirt, und sich bemüht, durch all=
jährliche Steigerung der Miethszinsen sein Einkommen
nach und nach um einige Hundert Thaler zu vergrößern.
Höchstens liest er Morgens beim Kaffee die Vossische
Zeitung, verwendet die Miethszinsen, wenn sich ihm die
Gelegenheit dazu darbietet, zu kleinen Wuchergeschäften,
und geht Abends in ein Bierhaus, um einige ungeheure
Gläser Weißbier zu leeren, als Stammgast einen bestimm=
ten Platz einzunehmen und sich als Rentier und Haus=
eigenthümer vor den Gästen geringeren Standes zu brüsten.
Sein Haus ist seine Puppe geworden und die Haus=
ordnung sein Steckenpferd, welches er außergerichtlich in
fortwährenden Zänkereien mit seinen Miethern und ge=
richtlich in und außer dem Quartal in Exmissions= und
Miethsprozessen jeglicher Art und Gattung reitet. Kein
Gefängnißreglement kann ärgere und rigorosere Bestim=
mungen enthalten, als eine solche Hausordnung. Daß
die Miethe pränumerando am 1. jedes Quartals bei
Strafe der Exmission gezahlt werden muß, versteht sich
natürlich von selbst; denn am 2. oder 3. jeden Quartals
muß der Rentier ja die Hypothekenzinsen bezahlen, aber
der Miether muß auch, wenn es irgend möglich ist, ein
sogenannter stiller Miether sein; er darf keine geräusch=
vollen Geschäfte betreiben, höchstens ein oder zwei Kin=
der haben, ohne spezielle schriftliche Erlaubniß des Haus=
eigenthümers keine Hunde, Katzen und Kanarienvögel
halten, Kinder und Dienstboten dürfen kein Geräusch auf
den Fluren und Treppen machen, kein Taschentuch darf
in der Küche gewaschen und kein Tropfen Wasser auf
den Flur gegossen werden, und alles dieses unter der
Androhung, eine Exmissionsklage über den Hals zu be=
kommen und mit Frau, Kindern, Dienstboten und Ka=
narienvögeln binnen drei Tagen auf die Straße gesetzt

zu werden. Der Denunciant und der gerichtliche Vollstrecker seiner Hausordnung zu sein, ist außer dem Tabackrauchen, dem Lesen der Vossischen Zeitung und dem Weißbiertrinken sein einziges Geschäft und seine Sorge bei Tag und Nacht. Die sogenannten kleinen Miether, nämlich die, welche drei und vier Treppen hoch und in den Kellern wohnen, betrachten ihn deshalb auch mit einem Gefühl von Furcht und Ehrerbietung, die großen Miether, welche in den ersten Steckwerken wohnen, ignoriren ihn und vermeiden seine Nähe. Mich wundert nur, daß solch ein Hauseigenthümer und Rentier, früher Käsekrämer und Düttendreher, nicht auch den Paragraphen in seine Hausordnung aufnimmt, daß alle Miether seines Hauses vor ihm, bei Strafe der Exmission, den Hut und Mütze abnehmen müssen. Factisch geschieht es von den kleinen Miethern in manchen Häusern.

So herrscht er unumschränkt durch die Paragraphen der Hausordnung und hat seinen Sitz gewöhnlich in der Paterrewohnung des Hauses, weil er von dort aus seine hausherrlichen Rechte am bequemsten und leichtesten handhaben kann. Die Parterrewohnung ist deshalb auch gewöhnlich die bequemste und besteingerichtete des ganzen Hauses. Es ist seine eigene Wohnung und deshalb hat er auf ihre Einrichtung oft sogar einigen Luxus verwandt. Die Wände sind tapezirt, die Decke hat sogar oft schmale Goldleisten, der Fußboden ist gefirnißt und wachstuchene Ausläufer reichen von einer Thür zur anderen; sein Putzzimmer hat einen Plüschsopha und Plüschsessel aufzuweisen, und an der Klingel der Hausthür sind auf messingenem oder porzellanem Griff die Worte zu lesen: „Zum Wirth" oder „Zum Hauseigenthümer." Seine Frau, welche ihm einst zwanzig Jahre half, Oel, Essig und Talglichte zu verkaufen, unterstützt ihn jetzt im Zusammenhalten der Miethsgroschen und in der Beaufsichtigung der Miether, eine große, gelbe Katze oder ein kleiner, häßlicher, ewig bellender Pinscher sind die Mitbewohner der Parterrewohnung, seine Tochter ist lange verheirathet an einen andern Hauseigenthümer und Rentier, sein Sohn ist außer dem Hause — er spricht nicht gern von ihm, und man erzählt sich, er sei ein ungerathener Bursche geworden und nach Amerika gegangen. Außer den andern gewöhnlichen Festtagen im Jahre hat er einige besondere Festtage, die ersten Tage jedes Quartals, wo die Miether kommen und die Miethszinsen bezahlen, wo er neue Contracte ausfertigt oder alte abändert, wo er die Wohnungen kündigt und an die kleinen Miether, welche ihm nicht behagen, oder welche sein Ansehen nicht respectiren, Ermahnungen und Drohungen richtet. Kein Negerhäuptling kann an den Tagen, wo er Audienz giebt, sich mehr fühlen, wie er an diesen seinen Huldigungstagen.

Unter seiner Wohnung befindet sich eine Kellerwohnung, halb über, halb unter der Erde liegend, vier kleine Fenster gehen nach der Straße hinaus und liegen gerade über dem Niveau des Trottoirs, auf vier Stufen steigt man, wenn man sich etwas bückt, durch die niedrige Thür in dieselbe hinab. Die Wohnung ist etwas feucht, etwas dumpf, nicht sehr hell und man kann mit der Hand an die rauchgeschwärzte Decke reichen. Es wohnt dort ein Boutiquier — in der berliner Mundart gewöhnlich Butiker genannt — mit einer Frau und sechs kleinen weißköpfigen Kindern, von denen das älteste noch nicht neun Jahr alt ist, er treibt einen kleinen Handel mit Brod, Butter, gewöhnlicher Wurst und sehr wässrigem Weißbier; die Droschkenkutscher, welche drüben an der Straßenecke ihre Halteplatz haben, essen bei ihm für zwei Silber-

groschen zu Mittag und trinken für einen Dreier ihren
Frühstücksschnaps, dem Hauseigenthümer putzt er Morgens
die Stiefeln und klopft ihm den Rock aus, eine ähnliche
Rolle bekleidet er bei dem Assessor und dem Lieutenant,
welche drei Treppen hoch eine chambre garnie bewohnen
und seine Frau wäscht bei Leuten außer dem Hause
während der Nacht, wenn ihr Mann, die Kinder und die
Droschkenkutscher schlafen. — Eigentlich ist er ein privi-
legirter Miether des Hauses, denn er darf Kinder haben,
weil diese aus dem Keller nicht in das Haus kommen,
sondern in der Nachmittagssonne auf dem Trottoir liegen,
und sein kammerdienerliches Verhältniß zu dem Haus-
herrn hat ihm in einem gewissen Grade das Wohlwollen
desselben erworben. Er hat ihm sogar ein ausrangirtes
Sopha, auf dem früher der Pintscher und die große,
gelbe Katze lagen, für einige Thaler überlassen, es ist
mit der Zeit so hart, wie ein Brett geworden, aber es
sitzt sich immer noch besser darauf, als auf den abge-
sessenen harten Holzstühlen. Der Mann hat die unge-
sundeste und billigste Wohnung im ganzen Hause, doch
nein, eine Familie wohnt im Hause noch schlechter. Ueber
der Hausthüre befindet sich ein sogenanntes Entresol, ein
kellerartig geformter Raum zwischen dem ersten Stock
und dem Flur, welcher sein Licht durch ein halbrundes
Fenster über der Hausthüre erhält, und in dem man
nicht aufrecht stehen kann, dort wohnt ein Arbeiter aus
der gegenüberliegenden Kattunfabrik mit seiner jungen
und kränklichen Frau, welche er erst im vorigen Jahre
geheirathet hat und die brustleidend ist. Die Frau ist
mit der Frau des Boutiquiers im Keller befreundet, und
beaufsichtigt deren Kinder, wenn sie einmal bei Tage außer
dem Hause zum Waschen geht, und Abends sitzt der
Kattundrucker unten und trinkt ein Glas Weißbier oder

er steht mit dem Kellerwirth, eine von dessen Dreier=
cigarren rauchend und plaudernd vor der Thür.

Wenn man nun die erste Treppe hinaufsteigt, welche
die Sparsamkeit des Hauseigenthümers Abends entweder
gar nicht oder nur vermittelst eines kärglich brennenden
Oelflämmchens erleuchtet, so gelangt man im ersten Stock
zu zwei Flügelthüren, welche links und rechts in soge=
nannte herrschaftliche Wohnungen führen. Links an der
Thür liest man auf einem großen Porzellanschilde die
Worte: „Olpitz, Geheimer Rath," rechts auf dem Messing=
schilde die Worte: „E. v. Herzberg, verwittwete Gene=
ralin." Dort wohnen die vornehmsten Miether des Hau=
ses, auf die der Hauseigenthümer stolz ist, welche an dem
Ersten jedes Quartals pünktlich bezahlen, und in jeder
Beziehung „stille Miether" sind; denn sie haben keine
Kinder, welche auf dem Flur lärmen, und treiben kein
bürgerliches Gewerbe, sondern leben von Gehalten und
Pensionen. Der Geheime Rath ist kein wirklicher Ge=
heimer Rath, denn sonst führte er gar den Titel „Excel=
lenz," er gehört auch nicht zu der Klasse der Geheimen
Regierungsräthe oder Geheimen Justizräthe, sondern ist
einfach ein Subalternbeamter, ein Registrator, der fünf=
zig Jahre einer Registratur des Kammergerichts vorsteht,
und deshalb bei seinem fünfzigjährigem Jubiläum den
rothen Adler=Orden vierter Klasse und den Titel Geheim=
mer Registraturrath erhielt, nachdem er zehn Jahre früher
den Titel Kanzleirath erhalten hatte. Der Mann nennt
sich deshalb zweckmäßiger Weise kurzweg Geheimer Rath
und wird auch von Anderen so genannt. Sein rothes
Ordensband hat er an alle Röcke heften lassen, welche
sein Kleiderschrank nur aufzuweisen hat, sogar an seinen
Schlaf= und Hausrock, und bildet sich ein, es sei zwischen
ihm und einem Wirklichen Geheimen Rath gar kein

großer Unterschied. Trotz des Titels und des Ordens-
bandes ist sein Gehalt indeß nicht bedeutend, es beträgt
nur 900 Thaler; und hiervon in der Residenz mit Fa=
milie und dem Stande eines Geheimen Rathes ange=
messen zu leben, ist eine etwas schwierige Aufgabe. Glück-
licherweise hat er nur zwei Kinder, der Sohn ist Gerichts=
assessor am Stadtgericht, vorläufig ohne Gehalt, und die
Tochter ist Gouvernante in einem gräflichen Hause in
der Provinz. Jedoch muß das Aeußere seiner vermeint-
lichen Stellung in der Gesellschaft gewahrt werden, die
Wohnung kostet allein 250 Thaler jährliche Miethe, und
zweimal im Winter wird eine Soirée gegeben, wo nach
dem Thee ein Souper, freilich nur von einem Rhein-
wein und einem Rothwein geringerer Sorte begleitet,
servirt wird, zu welchem sogar ein Wirklicher Geheimer
Rath außer Diensten, und ein noch fungirender Geheimer Ober=Regierungsrath eingeladen wird. Nach dem
Dessert spielt der Geheime Registraturrath dann mit
ihnen und seiner Gattin, während die jungen Leute tan-
zen, eine Partie Whist und dann erlaubt er sich vertrau-
licher Weise, wenn er von seinen Mitspielern „Herr
Collega" angeredet wird, diese Anrede mit „Herr College"
zu erwidern — für ihn der Glanzpunkt des ganzen Abends.
Er sieht so vergnügt aus, er lächelt so selbstzufrieden und
bildet sich in diesem Augenblick gewiß ein, er sei auch ein
„Wirklicher" geworden. Seine Gattin läßt sich „Gnä=
dige Frau" nennen, und vor dem Namen seines Sohnes
bleibt der Kammergerichts=Assessor niemals weg. An
einem solchen Abend halten mehrere Equipagen vor dem
Hause, es sind freilich nur Miethswagen und manche
Droschke darunter, aber alle Fenster sind erleuchtet und
im Hause heißt es: „bei Geheime Raths ist eine große
Fête." Oft geht es freilich knapp im Haushalte her,

Mittags erstreckt sich das Diner selten über eine Suppe und Fleisch mit Gemüse hinaus, Wein wird nicht getrunken, die gnädige Frau zählt dem Hausmädchen, welches zugleich die Rolle einer Köchin vertritt, die Kaffeebohnen zu und Abends giebt es nur Thee mit Butterbrod; die Wohnung und die beiden großen Winter-Soireén kosten zu viel. Mit ihrer Nachbarin, der verwittweten Generalin, stehen Geheime Raths in gar keiner Verbindung, die Dame ist bereits über die Siebenzig, schnupft Taback und lebt von einer kleinen Pension, aber sie ist hoffähig, wird zu den Hoffesten geladen und ist ungeheuer adelsstolz. Ihre Mutter war eine Gräfin aus erlauchtem Hause und ihre Abstammung und ihre Stellung in der Gesellschaft ließe es niemals zu, zu dem Geheime Rath in irgend eine Berührung zu treten. Sie vergißt auch nie, wenn sie von ihm spricht, ihn den „Geheimen Registraturrath" zu nennen.

Im zweiten Stock des Hauses geht es schon gemüthlicher zu, es wohnen dort ein Comtoirist aus einem Banquiergeschäft mit seiner Frau und seinen Kindern, und ein junger, talentvoller Portraitmaler, der dort zugleich sein Atelier hat. Da er unverheirathet ist, hat er sich bei seinen Nachbarn in Kost gegeben, nur den Kaffee bereitet er sich selbst auf einer Spirituslampe; zu Mittag hat er für sechs Silbergroschen mit ihnen ein gut und kräftig gekochtes Mittagbrot, denn der Comtoirist hat ein ebenso großes Gehalt, wie der Geheime Rath eine Treppe tiefer und giebt keine Soirée, zahlt auch nur 150 Thlr. Miethe, seine Frau braucht also von den täglichen Lebensbedürfnissen nichts abzusparen. Die Frau ist jung und hübsch, und die bösen Zungen im Hause erzählen, der junge Maler habe ein besonderes Interesse für sie, oder sie für ihn; indeß verkehrt er mit dem Mann in zu freundschaftlicher Weise, als daß man es glauben könnte. Abends trinken sie zusammen Thee, oder besuchen das Theater oder ein Concert; zuweilen bereiten sie auch eine kleine Bowle, der junge Maler ladet dann seine Freunde ein, unter denen sich, zum großen Aerger des Geheimen Regiſtaturraths und der Frau Generalin sogar ein Lieutenant und ein Kammergerichts Aſſeſſor befinden, und die junge Frau einige Freundinnen. Es wird dann zum Clavier getanzt, und der Abend sehr heiter und angenehm zugebracht. Der Geheime Rath und die Frau Generalin im ersten Stocke haben natürlich zu dem Kaufmanns= diener und zu dem Farbenkleckser im zweiten Stocke gar keine Beziehungen.

Im dritten Stocke wohnt ein Handwerker, ein flei= ßiger Schuſter, mit seiner Frau und fünf Kindern; der Hauswirth hat viele Umſtände gemacht, ehe er dieſe Fa= milie ins Haus nahm. Der Schuſter war klug und der Hauswirth so einfältig gewesen, ihm zu glauben, als er bei dem Miethen der Wohnung auf die Frage, ob er Kinder habe, mit Nein! antwortete. Der Miethscontract wurde unterzeichnet, und wie war der Eigenthümer er= ſtaunt, als er die Frau mit ihren fünf Kindern einziehen ſah! Sofort erhob er eine Exmissionsklage beim Stadt= gericht, indeß das Stadtgericht wies ihn ab, und er hatte noch 15 Thlr. Koſten zu bezahlen. Am 1. Januar künftigen Jahres ist die Miethszeit des schlauen Schuſters um, und nichts in der Welt würde den Eigenthümer bewegen, ihn nur auf einen Tag lang als Miethsmann im Hauſe zu behalten. Die Leute haben den ganzen dritten Stock gemiethet, und vermiethen drei Piecen chambre garnie, um umsonst zu wohnen.

Chambre garnie! Eine Wohnungsart, welche Ber= lin als sein specifisches Eigenthum beanspruchen kann.

Wer hat als junger Mann in Berlin nicht Chambre garnie gewohnt? Der praktische Arzt auf dem Lande, als er in Berlin studirte oder sein Staats-Examen machte, der Kreisrichter in der Provinz, als er am Kammergericht Auscultator und Referendarius war, der Hauptmann oder Major, der jetzt verheirathet ist und auf dem Gute seiner Frau lebt, als er noch als Lieutenant bei einem in Berlin garnisonirenden Infanterieregimente stand. Wer hat nicht manchmal über die kleinen Fatalitäten des Chambre garnie-Lebens geseufzt, und jetzt denkt er mit Sehnsucht daran zurück, wenn's ihm über Familiensorgen im Kopfe brummt. Glückliche, ungenirte Zeit, wo Niemand sich darum bekümmerte, ob man in's Colleg ging oder zu Hause ein Rendez-vous hatte, wo man minorenn war und Schulden machen konnte, ohne verklagt zu werden, wo man im Theater im zweiten Range saß oder einen Stehplatz hatte, wo man mit der langen Pfeife im Munde aus dem Fenster sah, und der hübschen Nätherin drüben zunickte, welche man Abends aus ihrer Nähestelle abholte. Der Stiefelputzer war der erste, der guten Morgen sagte, dann brachte die Wirthin den etwas dünn gekochten Kaffe, Mittags aß man beim Restaurant und Abends war man nie zu Hause. Kam man dann vor oder nach Mitternacht zu Hause, so hatte man den Hausschlüssel vergessen, man ging eine halbe Stunde auf der Straße spazieren und rief den Wächter. Zuweilen war der Mensch nicht aufzufinden, weil er in einer noch spät offenen Kellerkneipe Weißbier mit einem Kümmelschnaps trank und dann war man gezwungen, die Nacht im nächsten Hôtel zuzubringen. Wenn ich so durch die Straßen schlendere und an den Häusern hinauf sehe, fällt es mir oft ein: da im zweiten Stocke hast du auch einmal gewohnt; jetzt schauen fremde Menschen

zum Fenster hinaus. Auch dort in der Straße hast du
gewohnt, du zogest aus, weil die Zimmervermietherin dich
bei jeder Kleinigkeit, die du von ihr entnahmst, entsetzlich
prellte und weil sie absolut nicht dulden wollte, daß die
hübsche Putzmacherin da drüben aus dem Putzladen bei
dir Abends Thee trank. Als du deshalb die Wohnung
kündigtest und ausziehen wolltest, überreichte sie dir außer
der Monatsrechnung eine Schadenrechnung für ruinirte
Mobilien, die zwanzig Thaler betrug, und nur mit Hülfe
der Polizei bewerkstelligtest du mit Zurücklassung mehre=
rer Gegenstände deinen Auszug. Alles dies haben der
Assessor und der Lieutenant, die bei der Frau Schuh=
machermeisterin im dritten Stocke unseres Hauses woh=
nen, nicht zu fürchten. Sie bewohnen drei Zimmer, halten mit dem Maler und dem Buchhalter im zweiten Stock
Freundschaft, lachen über den Geheimen Rath und über
die Generalin, ärgern den Hauseigenthümer, da die Haus=
ordnung sie als Aftermiether nichts angeht, rauchen Mor=
gens aus dem Fenster hinaus und schütten wohl aus
Versehen dem Hauswirth die Asche aus der Pfeife auf
den Kopf; der Boutiquier im Keller putzt ihnen die Stie=
fel und klopft ihnen die Röcke aus, und der Schuh=
macher, von dessen Frau sie gemiethet haben, verfertigt
und flickt ihnen ihre Stiefel und Schuhe. Auch über
den Morgenkaffee haben sie keineswegs zu klagen, die
Milchbrödchen und die Butter, welche sie erhalten, sind
frisch, und statt der dünnen Milch bekommen sie wirkliche
Sahne. Die Miethe ist billig, denn sie geben für drei
Zimmer nur 15 Thlr., und die hübsche Nätherin, mit
welcher der Assessor ein zartes Verhältniß hat, sagt, daß
die Preisansätze von Licht, Seife, Oel, Butter u. s. w.
sich immer nur einen Dreier über dem Einkaufspreis
halten. Damit kann man denn schon zufrieden sein.

Die Wirthin bringt auch mit derselben Freundlichkeit den Thee, wenn das Fräulein bei dem Herrn Assessor und bei seinem Freunde, dem Herrn Lieutenant, den Abend zubringt; sie durchschnüffelt weder die ankommenden Briefe, noch fragt sie die Besuche aus; auch hat sie einen ungemeinen Instinkt darin, in dem Besuche die Qualität eines Gläubigers auszuwittern, und dann sind die Herren gewiß nicht zu Hause. Beide Herren vergessen deshalb auch ihren Geburtstag nicht; auf eine große Sandtorte und auf ein wollenes Kleid mit schönem Muster kann sie sicher rechnen, und wenn sie zum 1. Januar ein anderes Quartier nehmen, werden beide Herren mitziehen und bei ihnen weiter Chambre garnie wohnen.

Neuntes Kapitel.

Das Berliner Zellengefängniß.

Wie viel schreckliche Strafen haben Menschen ausgesonnen, um Menschen für das, was sie Verbrechen nennen, zu züchtigen! Die Strafen wurden in Kategorien gebracht, und ganze Systeme aufgestellt und ausgedacht, um alle diese Strafarten und Strafkategorien zu motiviren und rechtlich und philosophisch zu begründen. Dicke Bände sind darüber geschrieben, und dicke Bände werden noch heute darüber verfaßt. Die Römer verurtheilten Vatermörder dazu, mit wilden Thieren in einen Sack gesteckt und dann in's Meer versenkt zu werden; ihre Priesterinnen der Vesta, welche der menschlichen Regung des Herzens gefolgt waren, mauerten sie ein, und ließen sie vor Hunger sterben. Das Mittelalter war erfinderisch in Folterwerkzeugen der complicirtesten und mannigfaltigsten Art, und wenn man die peinliche Halsgerichts-Ordnung Kaiser Karls des Fünften liest, die doch bereits einer humaneren Periode der Strafgesetzgebung angehört, stehen Einem die Haare zu Berge von all diesen Martern, Foltern und Flammen, welche darin eine Rolle spielen.

Unsere Zeit ist auch in den Strafen humaner geworden — die Folterwerkzeuge haben den Kampf mit den Ideen der Humanität und der Aufklärung, welche, wie eine neu aufgehende Sonne, in der zweiten Hälfte des vorigen Jahrhunderts ihre Strahlen von Paris aus über Europa ausbreiteten, nicht aushalten können. Sie sind in die Rumpelkammer geworfen, und nichts ist von ihnen übrig geblieben, als die traurige Erinnerung. Die Scheiterhaufen sind überall erloschen; es giebt nur noch wenige Länder, in denen Menschen für das ganze Leben an die Ruderbank der Galeere geschmiedet werden, und die Todesstrafe hat in den letzten zehn Jahren manchen harten Strauß bestehen müssen.

Und was ist Verbrechen, was ist Strafe? George Sand sagt mit der Milde des großen Stifters der christlichen Religion:

„Wenn man Alles genau kennen würde, würde man Alles entschuldigen."

Und es ist wahr, nicht die That selbst ist es, welche man beurtheilen muß, sondern man muß die That nach ihren Motiven erwägen. Man kommt dann gewiß zu anderen und zu richtigeren und humanern Resultaten. So ist es auch mit der Strafe. Was ist Strafe, und was soll sie sein? Ein großer Theil berühmter Strafrechtslehrer hat lange behauptet: eine Sühne der Schuld; andere ebenso bekannte und ebenso berühmte Lehrer und Forscher der Wissenschaft haben ihren Zweck in der Abschreckung vor Verbrechen gefunden und auf diesen Grundgedanken ihre Systeme erbaut. Auch diese Theorien und Systeme sind mit der Zeit alt geworden. Seit Beccaria hat die Humanität der neueren Zeit neben den Schrecken eine große und milde Idee gestellt und gesagt: der Mensch hat kein Recht, den Menschen zu bestrafen, er hat nur das Recht und die Pflicht, ihn zu bessern, und wenn diese Idee in den Strafsystemen der Neuzeit auch noch nicht die alleinherrschende geworden, so nimmt sie doch auf dem Felde der Strafrechtswissenschaft und der Strafrechtspraxis einen bedeutenden Platz ein, und tritt in all unseren neueren Gefängnissen überall hervor.

England schickt seine Verbrecher nach Botanybai und in die australischen Colonien, Rußland nach Sibirien, auch Frankreich hat neuerdings die Bagnos aufgehoben, und deportirt seine Verbrecher nach Algerien über's Meer. Deutschland hat keine Colonien und baut blos Zuchthäuser und Arbeitshäuser. Schon im 17. Jahrhundert finden wir in Deutschland solche Anstalten. Die freien Reichsstädte gingen damit voran, so daß schon in den Jahren 1609 und 1617 in Hamburg und Bremen Zucht- und Armenhäuser existirten. Später geschah dies von den Regenten souverainer Staaten. Gegen die Mitte des 18. Jahrhunderts waren schon mehr als 50 Zucht- und Arbeitshäuser in Deutschland vorhanden. In diesen Zuchthäusern des vorigen Jahrhunderts gehörte freilich die Besserung der Strafgefangenen noch nicht zu den leitenden Ideen in der Verwaltung. Die erste Idee, die Gefangenen als Menschen zu behandeln, und ihnen die nöthigsten Lebensbedürfnisse, Beschäftigung durch harte aber gesunde Arbeit und überhaupt eine religiös-sittliche Erziehung zu geben, scheint wohl in dem von dem Einfluß des Quäkergeistes geleiteten Pensylvanien erwachsen zu sein. Und wenn gleich die örtliche Lage und die äußern Umstände, sowie der Einfluß des innern geistigen Lebens diese Einrichtungen später ausarten ließen, so ist dennoch nicht zu leugnen, daß in ihnen der erste Keim, der mit so vieler Energie und Ausdauer bei nicht geringem Kostenaufwande unternom=

menen spätern, nur auf Besserung des Gefangenen ab-
zielenden Einrichtungen zu finden ist. Mit Howard —
England kann stolz auf seinen Namen sein — begann
dann in Europa der Anfangspunkt der Epoche des ver-
besserten Gefängnißlebens in Europa. Er bereiste in den
Jahren 1756 bis 1790, von dem lebendigsten For-
schungsgeiste und der brüderlichsten Liebe beseelt, die Gefängnisse seines Vaterlandes und dann die des gesamm-
ten Europas, forschte überall mit unermüdlicher Geduld
nach den Quellen des Verbrechens und nach den Gründen, um demselben Einhalt zu thun, und war im voll-
kommensten Sinne des Wortes der Stifter einer bessern
Ansicht über die Erziehung sittlich verdorbener Menschen.
Neid, Eden und Bentham schlossen sich diesen Bemühungen ihres edlen Landsmannes an, und einflußreiche
Schriftsteller und Parlamentsmitglieder, wie Buxton, Hol-
ford, Western, Bennet, Roscoe und Romilly brachten
mit geistreicher Beredtsamkeit die Sache an das Parla-
ment, und vor das Publikum. Benthams Panopticum
— zwei concentrische, von einander durch einen Hof ge-
trennte Gebäude, von welchen das innere den Aufenthalt der Beaufsichtiger, die Geschäfts- und Verwaltungszimmer und die Kirche enthält, während in dem äußeren,
gegen den Hof und das erwähnte innere Gebäude zu nur
durch eine Glaswand getrennten, Gefangene einzeln in
abgesonderten Zellen untergebracht, und von den durch
Blenden für das Auge der Gefangenen unsichtbar ge-
machten Aufsehern beobachtet werden können — ist freilich nur eine Idee geblieben, welche wohl nie ins Leben
treten wird; aber dennoch hat diese Idee manches Ana-
logon, wie z. B. die Gründung des ungeheueren Mil-
bankgefängnisses in London zur Folge gehabt, und die
erste Bahn, welche die Architektonik der Gefängnisse nehmen

sollte, nicht um ein Geringes befördert. Die Idee zu einer Reform der Gefängnisse in diesem Sinne war aus Amerika, wie ich schon erwähnte, nach England gekommen, und hatte jene großen, englischen Reformer angeregt; die Idee mußte noch einmal nach Amerika übers Meer wandern, um dort ins Leben zu treten. Ein gesetzlicher Beschluß der beiden Staatenhäuser von Newyork und Pensylvanien ordnete die Reform des Gefängnißwesens an, und stellte die sittliche Besserung der Verbrecher als Hauptgrundlage dieser Reform auf. Mit dem Staatengefängniß zu Pittsburg im Staate Newyork machte man den Anfang. Man baute lauter einsame Zellen, und in diese sperrte man ohne alle und jede Beschäftigung die Verbrecher ein. Indeß sah man bald, daß das Mittel durchaus nicht dem Zwecke entsprechen konnte. Anstatt den Verbrecher an Arbeit und Ordnung zu gewöhnen, erzog man ihn zum Nichtsthun und schuf mit diesem Nichtsthun ein neues und wesentliches Strafübel, dessen Folgen unabsehbar waren.

Auch bemächtigt sich der meisten Gefangenen eine Art Stumpfsinn, welcher später oft in Wahnsinn ausartet, und neben den ungeheuren, durch keine Einnahme aus dem Verdienste der Gefangenen verringerten Ausgaben stellte sich die gänzliche Unzweckmäßigkeit dieser Maßregel bald heraus. Nach verschiedenen Versuchen theilten sich die Ansichten über dies Thema endlich in zwei große Zweige, nämlich in den Philadelphischen Strahlenplan und in den Auburnschen Schachtelplan. Der Grundsatz, auf dem das erste System beruht, ist unausgesetzte und fortwährende einsame Einsperrung mit Beschäftigung. Die Benennung „Strahlenplan" findet ihren Grund in den in Form eines Sternes gebauten, nach der Peripherie ausmündenden und im Centrum zusammentreffenden, einstöckigen Gefängnißgebäudes, welches vermittelst eines im Centrum angebrachten Observationsgebäudes genau beaufsichtigt werden sollte. Die wesentliche Einrichtung des Auburnschen Systems, seiner Architectur nach der „Schachtelplan" genannt, besteht in Folgendem: Eine bis unter das Dach gehende, mit vielen Fenstern durchbrochene, äußere Umfassungsmauer (die äußere Schachtel) umschließt in einem Abstande von etwa 10—12 Fuß das eigentliche Gebäude (die innere Schachtel), welches in eine große Anzahl von Zellen eingetheilt ist, deren Thüren und Fenster sich in diesem Zwischenraume beider Gebäude münden. Die Verbindung wird durch hölzerne, überaus künstliche Gallerien hergestellt, der hohle Raum erleuchtet und geheizt, und das Ganze durch wenige Schildwachen leicht beaufsichtigt und bewacht; das so eingerichtete Gebäude mit seinen Einzelnheiten dient zur nächtlichen Isolirung jedes einzelnen Gefangenen. Die Arbeit geschieht während des Tages in größeren Werkstätten, welche sowohl durch von außen angebrachte geheime Oeffnungen, als durch Gegenwart der Beamten in den Arbeitslocalen selbst beaufsichtigt werden. Den so zusammenarbeitenden Sträflingen ist das Sprechen mit einander auf das Strengste verboten, und jede Uebertretung des Stillschweiggebotes wird auf der Stelle durch den wachthabenden Aufseher mit Peitschenhieben bestraft. Der geistreiche Schriftsteller, Sir P. Stuart, schildert in seinem Werke: „Drei Jahre in Nordamerika," die Folgen dieses Systems als überaus wichtig; insbesondere hebt er den Umstand hervor, daß die Disciplin, auf diese Weise geübt, Resultate herbei geführt habe, die fast unglaublich seien. Arbeiter, welche Monate, ja Jahrelang neben einander gearbeitet, sollen es dennoch nie gewagt haben, mit einander zu sprechen. Obschon der gelehrte Ver=

fasser selbst eingestehen muß, daß ihm einer der Beaufsichtiger erzählt habe, die Lust mit einander zu conversiren, überhaupt der Geselligkeitstrieb unter den Gefangenen sei so groß, daß sie jede Gelegenheit benutzten, um sich, trotz aller Aufsicht, dennoch heimlich Worte zuzuflüstern, obgleich der freie Gebrauch der Peitsche in der Hand des Aufsehers eine Barbarei ist, von deren Billigung gar keine Rede sein kann. Das sind die beiden Systeme, nach denen man in Amerika Gefängnisse erbaut und das Gefängnißwesen reformirt hat. Der Grund beider Systeme, nämlich die Besserung der Verbrecher zu erzielen, sie an Arbeit und Thätigkeit zu gewöhnen und zu einem religiös sittlichen Leben zu erziehen, zugleich zu verhindern, daß sie sich nicht gegenseitig durch gesellschaftliches Zusammenleben verderben, ist jedenfalls ein richtiger, wenn auch die Verwirklichung dieser Absicht weder in dem einen noch in dem andern, sondern wohl nur in der Verbindung beider Systeme mit einander gesucht werden kann und darf. In Europa hat man während der letzten fünfzehn Jahre versucht, bei der Reform der Gefängnisse sowohl das eine wie das andere System anzuwenden, und ist, von denselben richtigen Ideen ausgehend, auf einen Mittelweg gerathen, der wie gesagt, wohl der einzig richtige ist oder werden wird.

Das Zellengefängniß in Moabit bei Berlin hatte ich noch niemals besucht, so oft ich auch an seinen dunklen Mauern vorübergegangen oder vorbeigeritten war. Es ist während der letzten fünfzehn Jahre erbaut worden, indeß erst in den vergangenen sechs Jahren zur Isolirhaft benutzt worden, nachdem es lange Zeit leer stand. Seine ersten Bewohner waren die Polen, welche im Jahre 1846 und 1847 dort ihre Untersuchungshaft erlitten und verurtheilt wurden, und welche der März des Jahres 1848 befreite. Für einen Menschen, der selbst fühlt und denkt, der die That, das Verbrechen, nicht nach ihr selbst, sondern nach ihren Motiven beurtheilt, für Jemanden, der sich zu den großen Humanitätsprincipien der Neuzeit bekennt, hat der Besuch eines Gefängnisses wahrhaftig nichts Angenehmes. Und ich habe schon so viele Gefängnisse gesehen, die Bagnos von Brest und von Boulogne, die Bleidächer und die unterirdischen Kerker Venedigs, die Kerker im Schlosse von Chillon, in welchem Bonnivard während acht schrecklicher Jahre unter dem blauen Spiegel des schönen Genfer Sees mit einer schweren Kette an eine steinerne Säule gefesselt war, und die schrecklichen Verließe jener alten mittelalterlichen Schlösser, in denen jeder Seufzer des sterbenden und vermodernden Unglücklichen an den kalten Steinen verhallte! An einem sonnigen Märztage, einem der ersten Vorboten des kommenden Frühlings, der die Erde wiederum mit jungem Grün und mit farbenglänzenden Blumen schmücken wird, ging ich hinaus und betrat die Räume, in denen, trotz der vielen Hunderte von Menschen, welche sie bewohnen, das Schweigen und die Einsamkeit herrscht. Kleine Gärten und Blumenbeete, von denen die unglücklichen Bewohner nie Etwas sehen, umgeben die nach der Straße liegende Seite des Gebäudes, die Front desselben mit Beamten- und Dienstwohnungen ist nach dem Felde zu erbaut. Eine große Eingangsthür führte mich in einen kleinen innern Hof, auf dem zwei Schildwachen standen, und in dem eine weiße Tafel mit schwarzen Buchstaben und Ziffern die Zahl der dort jetzt detinirten Gefangenen anzeigte. Es waren 628. Ein Aufseher nahm mich in Empfang und geleitete mich in den Flur des Gebäudes, an welchem zu beiden Seiten die Verwaltungszimmer und das Sprechzimmer des Gefängnisses liegen. Das Letztere hat nichts Gefängnißartiges. Große Fenster machen es hell und freundlich, das Meublement bestand aus einem grau behangenen Tisch und den dazu gehörigen Stühlen. Ein Drahtgitter, welches, wie in den meisten Gefängnissen, den Raum in zwei Hälften trennt, war nicht vorhanden. Der Gefangene, welcher hier monatlich ein oder auch wohl zweimal den Besuch eines Menschen, der ihn in seinem Gefängnisse nicht vergessen hat, annehmen und in Gegenwart eines Aufsehers sprechen kann, vergißt hier für eine halbe Stunde, daß er sich in einem Isolirgefängnisse befindet. Aus dem Flur traten wir dann in den innern Raum des Gefängnisses selbst.

Der Anblick war ein überraschender.

Das Gefängniß ist mit einigen Modificationen nach dem Philadelphischen Strahlenplan erbaut. Vier Flügel treffen in der Form eines Stern's im Centrum zusammen und können vom Boden bis zum Dachstuhl hinauf übersehen und durchschaut werden. Die Verbindung der einzelnen Stockwerke jedes einzelnen Flügels läuft eine Gallerie entlang, und alle Gallerien vereinigen sich in der Mitte durch freischwebende Treppen, welche durch das ganze Gebäude bis zum Boden führen. Das Licht fällt in diese Räume von oben herab. Wer nicht weiß, daß sich an der Seite dieser eisernen, schlankgebauten Gallerien und Treppen, deren Stufen und Fußböden aus Schieferplatten bestehen, die einsamen, kleinen Zellen der Gefangenen befinden, deren Ausgangsthüren auf die Gallerien auslaufen, wer nicht weiß, daß so in jedem einzelnen dieser vier gewaltigen Flügel hundert und fünfzig Unglückliche gefangen gehalten werden, der wird, wenn er im Centrum dieses colossalen Gebäudes steht und mit einem Blick diese übereinander laufenden Gallerien bis

zu ihrem äußersten Ende durchschaut, gar nicht auf die
Idee kommen, daß er sich in einem Gefängnisse befindet,
wenn er auch nicht weiß, was er eigentlich aus der son=
derbaren Bauart machen soll. Und doch ist es so. Wie
manche Thräne fließt hier ungesehen, wie mancher Seuf=
zer verhallt hier ungehört. Eine Todesstille herrschte in
dem ganzen Gebäude; ich hörte nur den Pendelschlag
einer gewaltigen Uhr, welche hier die Stunden der Ein=
samkeit und des Schweigens abmißt, und dann und wann
den Ton einer Glocke, welche aus einer der kleinen Ge=
fängnißzellen in Bewegung gesetzt wurde, oder den Tritt
eines Aufsehers, welcher über eine der langen Gallerien
hinschritt, um sich in die Zelle zu begeben, wo die Glocke
ertönte und seine Hülfe herbeirief, der einzige Ton, der
mich daran erinnerte, daß ich in einem von Menschen
bewohnten Gebäude war. Nun hörte ich ein Schlurfen
hinter mir, wie wenn Jemand in Filzschuhen auf einem
Boden dahinschleicht, der unten hohl ist, aber das Schlur=
fen ertönte nah und in weiter Ferne, neben mir und
am äußersten Ende des Flügels, dem ich den Rücken zu=
drehte; denn der Ton schlug in der verschiedensten Schall=
stärke an mein Ohr, lauter, laut, leise, und immer leiser.
Verwundert wandte ich mich um, um die Ursache dieses
sonderbaren Geräusches zu entdecken, und was sah ich!
Einige funfzig braune, dunkle Gestalten schlichen an der
Wand in langsamen Schritten entlang. Alle waren
in dunkelbraune Jacken und dunkelbraune kurze Hosen
gekleidet. Schwarze lange Strümpfe umschlossen das
untere Ende der Beine und die Füße steckten in Filz=
schuhen. Jede dieser Gestalten schlich zehn Schritte hin=
ter der ersten her, und hielt, da sie alle, es mochten wohl
einige dreißig sein, wie Soldaten in demselben Tritt und
in demselben Takt marschirten, immer auf das genaueste

dieselbe Entfernung ein. Ueber den Kopf hatte jede eine braune Wollkappe gezogen, deren vorderer Theil in der Gestalt eines Schirmes herunter geklappt war und das Gesicht so bedeckte, daß man nichts von demselben sehen konnte, als zwei Augen, welche durch zwei, in dem Schirm angebrachte Löcher hindurchschauten und uns unheimlich anstarrten. So schlich die ganze Reihe schweigender und dunkler Gestalten an uns vorüber und bewegte sich nach dem gegenüberliegenden Flügel hin. In demselben Tact, in demselben Tritt, immer in derselben Entfernung von einander bleibend, stiegen sie die freischwebende, eiserne Treppe hinauf. So sah ich sie über eine der langen, schmalen Gallerien schlurfen und dann eine nach der andern in den kleinen Zellenthüren an der Seite der Gallerie verschwinden. Verwundert sah ich meinen Begleiter an.

„Das sind Gefangene, Herr Doctor," sagte er, die Frage auf meinem Gesichte bemerkend. „Gefangene, welche vom Baden kommen und in ihre Zellen zurückgeführt werden. Jeder Gefangene muß alle 14 Tage einmal zum Baden gehen."

„Und sie gehen immer in diesem Schritt, immer in dieser Entfernung von einander?"

„Immer. So gehen sie zum Baden, zur Kirche, und zum Spazierengehen, damit es unmöglich gemacht wird, daß sie mit einander sprechen."

„Und beim Spazierengehen selbst?" fragte ich.

„Auch dann bleiben sie immer in dieser Entfernung von einander."

„Und wo gehen denn die Menschen spazieren?"

„Das will ich Ihnen zeigen."

Und wir stiegen die schwebende Treppe hinauf und betraten die erste Gallerie. Eine zweite schwebende Treppe mit gußeisernem Geländer und mit Schieferstufen führte uns auf die zweite Gallerie, welche wir entlang gingen bis zu ihrem äußersten Ende. Eine ganze Reihe kleiner Thüren reihte sich hier, eine an die andere, in endloser Länge, jede wohl verriegelt und verschlossen; denn hinter jeder dieser kleinen schweren Thüren wohnte ein Gefangener. Ich dachte an eine Reihe lebendig Begrabener, welche in ihren eisernen Särgen liegen. Ueber jeder Thüre war ein Klingelzug angebracht mit einem Schieber, welcher von selbst aufsprang, so wie die Klingel angezogen wurde. Der Klingelzug stand mit einem langen Drathzug in Verbindung, welcher auf der ganzen Gallerie oberhalb der Zellenthüren entlang lief, und wieder mit einer Kurbel verbunden war, welche sich, so wie die Klingel angezogen wurde, nach der Seite hindrehte, wo die Schnur angezogen war. Kurbel und Schieber waren die Arme des Wegweisers für den Aufseher, dessen Hülfe herbeigerufen wurde. Die Richtung der Kurbel wies ihm die Richtung des Weges an, den er einzuschlagen hatte, der aufspringende Schieber die Zellenthür, in welche er eintreten mußte, um zu dem betreffenden Gefangenen zu kommen. Die Schweigsamkeit des Systems war auch auf den Klingelzug und auf diese stummen Wegweiser ausgedehnt worden, die Wegweiser sprechen nur durch eine Bewegung nach rechts oder links, eine Klingel oder eine Glocke schlug nicht an, man hörte nur das Zittern des in Bewegung gesetzten langen Drathes und das Aufspringen des Schiebers an der Zellenthür. So gingen wir bis zum Ende der Gallerie und des Flügels. Ein großes Fenster vermittelte die Aussicht in einen innern Hof, auf dem ich ein sonderbares Gebäude bemerkte. Zwanzig Mauern liefen strahlenförmig oder fächerförmig zu einem Centrum zusammen.

Im Mittelpunkt dieses Centrums erhob sich vielleicht in einer Höhe von einigen 50 Fuß ein steinerner Thurm, dessen oberer Theil ringsum von Glas war. Eine Treppe führte im Innern des Thurmes hinauf bis in die gläserne Spitze. Dies sonderbare, fächerartige Gebäude war zum Spazierengehen der Gefangenen so eingerichtet worden. Immer in der Entfernung von zehn Schritt hintereinander wurden die Gefangenen in diesen Hofraum hinausgeführt und dann in diese einzelnen fächerartigen Räume so vertheilt, daß auf jeden Raum ein Gefangener kam. Wenn er sich zwischen diesen beiden Mauern befand, konnte er den Schirm seiner wollenenen Kappe aufschlagen, sich die beiden Mauern ansehen und zwischen diesen eine halbe Stunde hin und her laufen.

Von seinem Thurme konnte der eine Aufseher auf diese Weise immer mit Leichtigkeit die zwanzig — Spaziergänger kann ich sie nicht nennen, denn das Hin- und Hertraben, rückwärts und vorwärts, den Blick immer auf die Steine der Mauern gerichtet, ist kein Spaziergang — Gefangenen beobachten, bis die große Gefängnißuhr den Beginn der neuen halben Stunde anzeigte und sie in ihre einsamen, schweigenden Zellen zurückrief. Sie schlugen ihre Mützenschirme dann wieder herab und marschirten in dem Schritt, in dem sie gekommen waren, immer in einer Entfernung von zehn Schritt hintereinander hergehend, schweigend und lautlos, nur durch das Schild mit der Nummer ihrer Gefängnißthür, daß sie auf der Brust trugen, von einander zu unterscheiden, wie sie gekommen waren, in das Gefängnißgebäude zurück, um andern Zwanzig Platz zu machen. Der Vortheil der Isolirhaft ist in den verschiedensten Beziehungen unzweifelhaft, das ist nicht zu leugnen, aber sie braucht nicht zu diesem Extrem ausgedehnt zu werden. Der Spaziergang

ist für einen Gefangenen, der drei und zwanzig und eine
halbe Stunde während eines Tages und einer Nacht
in einer engen Zelle von der Länge und Breite einiger
Fuße zubringen muß, der diese drei und zwanzig langen
Stunden dort in größter Schweigsamkeit und Einsamkeit
existirt, eine Erholung, und eine nothwendige Erholung,
welche auch dem ärgsten und schwersten Verbrecher zu
gönnen, welche für ihn zur Aufrechthaltung seiner geisti=
gen Frische und seiner körperlichen Gesundheit nothwen=
dig ist. Warum ihm diese halbe Stunde in einer solchen
Art und Weise verkümmern, warum diesen halbstündigen
Spaziergang zu einer rein mechanischen Bewegung machen,
von welcher er weiter keinen Nutzen hat, als daß sich die
Beine bewegen und das Bewegen der Beine auf seine
Verdauungs=Organe wirkt. Wenn man diesen großen
Hofraum in einen Garten verwandelte und die Spazier=
gänge zwischen Rasen und Blumenbeeten so einrichtete,
daß jedem Gefangenen ein besonderer Gang zum Hin=
und Hergehen zugetheilt würde, so würde die halbe
Stunde des Spazierengehens dem Gefangenen nützlich
und angenehm sein. Sie würde ihm das Auge, den
Geist und das Herz erfrischen und sich nicht bloß auf
eine halbstündige Bewegung der Beine beschränken, ohne
daß die Isolirung der Einzelnen von einander dadurch
irgend etwas in der Strenge verlöre, als daß sie freilich
ihre Mützenschirme aufklappen müßten und sich gegen=
seitig ansehen könnten. Ihre Beaufsichtigung durch einen
einzigen Aufseher von einem in der Mitte dieses Gartens
erbauten Thurme könnte immer darum mit derselben Leich=
tigkeit und mit derselben Strenge geschehen. Würde der
Umstand, daß sie einander sehen würden, ihrer morali=
schen Besserung irgend nachtheilig oder auch nur hinder=
lich sein? Gewiß nicht; denn eine Annäherung könnte

doch dadurch und darum nicht erfolgen, und wie selten
würde es vorkommen, daß einer der Gefangenen hier,
wo sechshundert Menschen aus allen Theilen des Lan=
des zusammengebracht werden, zufällig den andern erkennt. Und warum soll man dem Auge eines Unglücklichen, mag er ein noch so schwerer Verbrecher sein,
welcher während des ganzen Tages nichts sieht, als weiß
angestrichene Wände, nicht die Erholung und die Freude
gönnen, während einer halben Stunde das Grün des
Frühlings und des Sommers oder die Farben der Blumen zu sehen? Warum nicht? Wenn das Princip der
Isolirung dadurch aufgehoben würde, und die Isolirung
nun einmal zur Besserung der Verbrecher nothwendig ist,
nein! Aber die körperliche und geistige Isolirung der
Gefangenen könnte darum mit eben derselben Energie und
Strenge durchgeführt werden. Und der Spaziergang
würde dann wirklich eine Erholung, welche er doch sein
soll, und artete nicht zu einer maschinenartigen, rein körperlichen Bewegung aus, wie er es jetzt ist. — Wie
wichtig und von welcher Bedeutung der selbstständige
Spaziergang dem Gefangenen ist, weiß nur der zu würdigen, der selber Monate und Jahre in einem Gefängnisse zubrachte. Ein Anderer hat gar keinen Begriff
davon.

Wir gingen auf der langen, schmalen, schwebenden
Eisengallerie zurück. Die große Gefängnißuhr schlug
5 Uhr, die Stunde, wo die Gefangenen ihre Abendmahl-
zeit erhalten. Gefangene, in derselben braunen Tracht,
den Mützenschirm vor dem Gesicht, die Nummern ihrer
Kerkerthür auf der Brust, stiegen, vom Aufseher geführt,
in irdenen Näpfen eine Suppe und große Schnitte gut-
gebackenen schwarzen Brotes tragend, die Treppen und
Gallerien leisen, fast unhörbaren Trittes hinauf und ver=

breiteten so einiges Leben und Bewegung in diesen stillen, einsamen Räumen, worin man sie auch nicht für Menschen, sondern für Gespenster halten mußte. Nach einander öffneten die Aufseher Klappen, welche in der Mitte der kleinen Zellenthüren angebracht waren, und schoben mit den Worten: „Hier hast Du Deine Suppe," oder „Hier hast Du Dein Brot," die Schüsseln hinein. Dann schloß sich wiederum die Klappe, und sie traten zu der folgenden Thür. Zuweilen ertönte eine Frage oder ein Wort aus dem Innern der Zelle; bei den Meisten fand die Verabreichung des Abendessens schweigend statt. Man hörte nichts als das Hin- und Herschlurfen der Schritte und die Schlüssel in den Schlüssellöchern der Klappen. Auf meinen Wunsch öffnete der mich umherführende Aufseher eine dieser kleinen, schweren Thüren, und gebückten Hauptes trat ich ein. Ich befand mich im Innern einer kleinen viereckigen Zelle. Drei Schritte genügten, um sie in ihrer Länge zu durchschreiten, sie hatte eine Breite von etwas über einen Schritt. Das Licht fiel durch ein vergittertes Fenster hinein, welches ungefähr zehn Fuß über dem Boden an der der Thür gegenüberliegenden Wand angebracht war. Geblendete Scheiben gestatteten dem Lichte den Zugang, ohne daß jedoch die Farbe des Himmels oder der Wolken zu unterscheiden war. Neben der Thür stand ein Schemel und auf diesem der irdene Napf mit der Suppe; an der anderen Seite der Thür lag die Matratze zusammengerollt, welche Abends um 6½ Uhr hier von dem Gefangenen ausgebreitet und von ihm zu seiner Lagerstätte bereitet wird. Vor mir stand neben einem Tisch, mit Leder, Stiefel und Schusterwerkzeugen bedeckt, eine schweigende Menschengestalt, in dieselbe braune Jacke, in die braune kurze Hose, mit schwarzen Strümpfen gekleidet, wie ich sie schon an den Gefangenen auf den Gallerien und den Gängen gesehen hatte. Ihr Gesicht war ohne die Kappe und ohne den verhüllenden Schirm, die Nummer der Kerkerzelle hing jetzt an der Wand, an welcher außerdem eine Rechentafel mit einem Griffel, und das Gefängniß-Reglement aufgehängt war.

Ich sprach mit dem Unglücklichen und sah ihn so freundlich wie möglich an. Jedes Wort, welches hier gesprochen wird, ist in diesem Reiche der Schweigsamkeit eine unschätzbare Wohlthat. Er erzählte mir, daß er im vierten Jahre in dieser Zelle gefangen sei, und daß er dem Ablaufe seiner Strafe bis Ende Juni entgegensehe. Eine unverkennbare Freude sprach sich auf seinem Gesichte aus, als er von dem nahen Ende seiner Kerkerhaft sprach. Sonst sah sein Gesicht weder angegriffen, noch verfallen aus; er hatte nur jene gelbliche Blässe, welche von einer längeren Kerkerhaft unzertrennlich ist. Er war ein Schuhmacher von Profession und übte dieselbe auch hier aus. Ich nahm die Schiefertafel von der Wand und betrachtete sie. Es war darauf ein Rechenexempel in Brüchen geschrieben, und auf meine Frage erzählte er mir, daß sie in der mit dem Gefängniß verbundenen Schule bei der Rechnung in Brüchen seien, und er auf der Tafel heute seine Aufgabe ausgerechnet habe. Dann las ich das Reglement an der Wand.

Es enthielt die Hausordnung und verbreitete sich über die Einzelnheiten des Tages, da ja jeder Tag hier gerade so wie der andere verläuft. Um 5 Uhr Morgens steht der Gefangene auf. Seine Kleider werden ihm durch die Klappe hineingereicht, ebenso die scharfen und schneidenden (Instrumente) Werkzeuge, deren er zur Ausübung seiner täglichen Arbeit benöthigt ist. Er muß

sich waschen, beten und erhält alsdann seine Morgen=
suppe. Mittags um 12 Uhr wird ihm das Mittagsessen,
aus einer Graupen=, Erbsen= oder Bohnensuppe bestehend,
mit einem zweiten Stück Brodes hineingereicht. Dann
beginnt wiederum seine Arbeit, welche bis Abends 6 Uhr
währt. Um 6½ Uhr erhält er das dritte Stück Brod
und die Abendsuppe, rollt dann seine Matratze auf, muß
sich waschen, entkleiden, seine Kleidungsstücke und seine
Arbeitswerkzeuge hinausreichen und sich schlafen legen;
im Winter wie im Sommer, gleichmäßig um 7 Uhr.

Die Nacht dauert hier sehr lange, von 7 Uhr Abends
bis Morgens 5 Uhr, also 10 volle Stunden. Wie wenig
Stunden mag der Gefangene von dieser langen Nacht
schlafend zubringen. Die Stunden, die er schlaflos, ohne
ermüdet zu sein, auf seinem Lager liegt, sich hin= und
herwälzend, sie sollen ja dem Nachdenken und der Reue
gewidmet sein. Welch lange und qualvolle Nächte, von
nichts unterbrochen, als von dem Pendelschlag der gro=
ßen Gefängnißuhr, welche diese Einsamkeit und diese
Stille in einzelne Theile zerlegt! Nächte, wie im Grabe,
aber Nächte mit Empfindung und Bewußtsein, in deren
Dunkel nur ein einziger ferner Lichtstrahl hineinschimmert,
der Strahl der Hoffnung auf eine Erlösung nach so und
so viel Jahren! —

Der Tag wird nur durch die halbe Stunde Spa=
zierengehens, welche bei schlechtem Wetter indeß abge=
kürzt wird oder auch ganz wegfällt, unterbrochen oder
durch die Schulstunden, in denen die Gefangenen von
den für dies Gefängniß angestellten Lehrern in den Ele=
mentarwissenschaften unterrichtet werden, oder Sonntags
durch den Besuch der mit dem Gebäude versehenen Kirche.
Sprechen kann und darf der Gefangene mit seinem Auf=
seher, der ihm durch die Thürklappe oder durch die ge=

öffnete Thür seine Mahlzeiten reicht oder den er durch den Zug der oben bezeichneten Klingelschnur herbeiruft, wenn er seiner Hülfe bedarf; kein Gefangener darf, bei Strafe härterer Einsperrung oder Entziehung der warmen Kost, mit irgend einem andern Gefangenen ein Wort reden, wenn er zufällig auf der Gallerie mit einem solchen zusammenkommt. Sodann erhält der Gefangene wöchentlich den Besuch des Directors oder des für dies Gefängniß angestellten Geistlichen, welche auf seine religiös-sittliche Besserung wirken sollen. Ein Antheil dessen, was er durch seine Arbeit erwirbt, wird für ihn verwandt oder für ihn aufbewahrt und ihm am Ende seiner Haft ausgezahlt. Besuche kann er einmal monatlich im Sprechzimmer des unten am Eingange befindlichen Flures empfangen; er kann auch, glaube ich, einmal monatlich einen Brief schreiben oder erhalten. Auf's Strengste ist ihm jedes Geräusch, jedes Pfeifen, jedes Singen und jedes laute Sprechen verboten.

So lautete das Gefängnißreglement, das an der Wand der Zelle hing, und der Leser hat nun einen genauen Begriff von der sogenannten Tagesordnung des Isolirgefängnisses in Moabit bei Berlin. Eine Zelle sieht ganz aus, wie die andere, der eine Flügel des Gebäudes — sie werden mit den Buchstaben a. b. c. d. bezeichnet; hier sind nur Buchstaben und Nummern — wie der andere, der eine Gefangene mit seinem über's Gesicht gezogenen Mützenschirm, wie der andere. Jede Stunde des Tages ist ihrer Vorgängerin vollkommen ähnlich; jede Nacht ist gleich lang, gleich schweigend und gleich finster.

Ich habe den Leser nur noch in die Kirche und in die Schule des Gefängnisses zu führen und dann nur noch einige Worte über die Verwaltung und Einrichtung hinzuzufügen. Zu die Kirche ging deshalb auch jetzt unser Weg.

Die Kirche ist im Centrum des Gebäudes auf der entgegengesetzten Seite der auf das Centrum zulaufenden strahlenförmigen Flügel angebracht. Wir gehen sogleich auf einer äußeren Treppe in die Loge der Gefängniß= beamten hinauf, welche sich neben dem Altar und neben der Kanzel in der Höhe befindet. Der Loge und der der Kanzel gegenüber ist die Orgel der Kirche. Den ganzen Grund derselben nehmen die terrassenförmig auf= steigenden Kirchenstühle ein, welche so eingerichtet sind, daß jeder Kirchenstuhl eine enge kleine Zelle bildet, in welcher der Gefangene, so bald er sich darin befindet, nur den auf der Kanzel stehenden Geistlichen und die Gefängnißbeamten in ihrer Loge, nicht aber den neben ihm sitzenden Gefangenen, welcher von ihm durch eine dünne Bretterwand geschieden ist, sehen kann. Sämmt= liche Kirchenstühle sind in ihrer Mitte durch zwei Gänge, welche neben einander laufen und wiederum von einander durch eine hohe hölzerne Scheidewand getrennt sind, in zwei Hälften getheilt. Durch diese beiden Gänge werden die Gefangenen einzeln, immer zehn Schritt jeder hinter dem andern hergehend, in ihre Kirchenstühle geführt, welche sie nach Beendigung des Gottesdienstes in eben der Weise wieder verlassen. Die Einrichtung ist in ihrer Bauart sehr sinnreich, indem jeder einzelne Gefangene an allen gottesdienstlichen Handlungen Theil nehmen, ten Pfarrer hören und sehen und doch auf keinerlei Weise weder während der Kirche, noch beim Kommen und Gehen mit einem der andern Gefangenen in irgend eine nähere Berührung kommen kann. Die Schulstuben für die Gefangenen sind in derselben Art und Weise ein= gerichtet. Jeder Platz ist eine nach drei Seiten und oben bedeckte kleine hölzerne Zelle, deren vordere Oeffnung dem Katheder des Lehrers zugewendet ist, so daß alle Gefangenen den Lehrer hören und sehen, Niemand von ihnen aber den andern sehen kann. Sie werden auf dieselbe Weise in die Schulstube geführt, wie in die Kirche und verlassen dieselbe ebenso. Es sind in einem der Seitengänge des Gefängnisses sechs Zimmer auf diese Weise eingerichtet. Die Gefangenen werden dort in den Elementarwissenschaften, im Lesen, Schreiben, Rechnen u. s. w. unterrichtet. Sie werden nach ihrer geistigen Beschäftigung und nach der Bildungsstufe, welche sie während des Gefängnißunterrichts erreichen, in vier verschiedene Klassen eingetheilt. Die Nummer der Klasse ist über jeder Zelle angebracht. Mit der Anstalt ist eine Mühle und Bäckerei verbunden, welche die Gefangenen mit dem nöthigen Brod versorgt. Küche und Waschhaus liegen im Souterrain, und werden ebenfalls von Gefangenen besorgt, bei denen das Isolirsystem natürlich nur in der Art durchgeführt werden kann, daß die Gefangenen beständig unter Aufsicht sind und nicht mit einander sprechen dürfen. Eben so wird die Reinigung des Gefängnisses, welche eine musterhafte und außerordentliche zu nennen ist, von Gefangenen unter strenger und genauer Aufsicht besorgt. Sie kehren, scheuern und frottiren die Gallerien und Gänge, deren Fußböden gebohnt und mit einem Firniß überstrichen sind, und es ist ihnen ausnahmsweise gestattet, die Schirme an ihren Mützen zurückzuschlagen, weil die Verhüllung des Gesichts sie bei der Arbeit hindern würde.

Mit Arbeiten im Freien werden die Gefangenen des Isolirgefängnisses durchaus nicht beschäftigt; dies geschieht nur mit den Gefangenen einer mit dem großen Gefägnisse verbundenen Filialanstalt, welche in einem Nebengebäude eingerichtet ist, weil man alle Gefangenen — es waren 628 an dem Tage, wo ich dort war — in dem großen Gebäude nicht unterbringen konnte. Die ganze Anstalt wird mit Wasserdämpfen geheizt, und augenblicklich noch mittelst Oel erleuchtet. Eine Erleuchtung durch Gas wird beabsichtigt und ist, so viel ich höre, bereits im Werke.

Seit 16 Monaten hat in der Verwaltung des Gefängnisses und in der Behandlung der Gefangenen eine große Verwandlung stattgefunden. Der vorige Director wurde aus hier nicht zu erörternden Gründen versetzt, und von seinem Nachfolger im Amte alsdann das Isolirsystem in seiner ganzen jetzigen Consequenz und Strenge durchgeführt. Unter der vorigen Verwaltung arbeiteten die Gefangenen gemeinschaftlich. Die verschiedenen Handwerker waren in den großen Räumen der vier Flügel vertheilt. Die Schneider arbeiteten zusammen an einem langen Tisch, die Schuhmacher ebenso. In einer andern Abtheilung des Raumes waren die in der Anstalt detinirten Cigarrenarbeiter beschäftigt, in einer andern die Steindrucker, in einer andern die Tischler, Grobschmiede u. s. w. Sie arbeiteten unter genauer Aufsicht der Aufseher und durften durchaus nicht mit einander conversiren, außer wenn es eine nöthige, sich auf das Geschäftliche ihrer Arbeit bezügliche Information durchaus erforderte. Ein Theil der Gefangenen arbeitete auch, wie jetzt, in ihren Zellen, aber die Thüren der Zellen waren bei Tage geöffnet, so daß die Aufseher hineinsehen konnten, und nur während der Nacht wurden die Gefangenen in ihren Zellen eingeschlossen. Das Princip der Isolirung war also nur in Betreff des Schweigens, und auch nicht in seiner ganzen Härte durchgeführt, von der Einzelhaft war, die Nacht ausgenommen, Abstand genommen worden. Der

Schulunterricht, der Besuch der Gefangenen durch die Geistlichen der Anstalt und durch den Director, die religiöse und sittliche Einwirkung auf die Verbrecher wurde in derselben Weise gehandhabt, wie jetzt. Mit der neuen Verwaltung hat dies aufgehört. Die gemeinschaftlichen Arbeiten wurden beseitigt, und jeder Gefangene ward einsam in seiner Zelle beschäftigt, und während des ganzen Tages und der ganzen Nacht auf das Strengste und Sorgfältigste eingeschlossen. Irgend eine Art von geistiger Gemeinschaft hatte selbstverständlich auch während der früheren Verwaltung unter den Gefangenen nicht stattgefunden; nun wurde aber auch jede körperliche Gemeinschaft, jedes Zusammensein in demselben Raume beseitigt. Daß dies noch in der Küche, im Waschhause, überhaupt in dem Souterrain des Gefängnißgebäudes stattfindet, ist nur die Folge der Nothwendigkeit, weil man es nicht anders machen kann, und weil die Verwaltung der Oeconomie des Gefängnisses durch angestellte Personen zu viel Kosten verursachen würde, durchaus nicht die Folge einer humaneren Ansicht in Betreff dieser Gefangenen. Das Princip der Isolirung ist also unter der neueren Verwaltung zu dem Princip des Schweigens hinzugekommen, und beides, Schweigen und Einzelhaft, werden in ihrer Consequenz executirt.

Daß die Verwaltung auf diese Weise im Zellengefängniß zu Moabit natürlicher Maßen um ein Bedeutendes vertheuert sein muß, daß ferner die Arbeiten, welche nur durch eine gemeinsame Thätigkeit zu ermöglichen waren, gar nicht mehr geleistet werden können, daß also die Einnahme des Gefängnisses eine weit geringere geworden sein muß, als sie es bis jetzt war, davon will ich gar nicht reden. Wenn bei einer Gefängnißreform und bei einer Gefängnißeinrichtung überhaupt die Besserung

der Gefangenen vom religiös sittlichen Standpunkte aus
Princip sein soll, so kann es selbstredend darauf nicht
ankommen; wenigstens kann keinenfalls das Princip der
Nützlichkeit nachgesetzt werden. Also dieser Gesichtspunkt
kann bei Beurtheilung dieser strengen Isolirung, wie sie
jetzt im Zellengefängniß bei Moabit stattfindet, nicht maß=
gebend sein, sondern nur allein die Fragen: führt diese
strenge Durchführung des Princips der Isolirung nach
seinen beiden Seiten hin, in Betreff der Einzelhaft und
in Betreff der Schweigsamkeit, besser zum Zweck, näm=
lich zur Besserung der Gefangenen vom sittlich religiösen
Standpunkte aus, und: Ist diese strenge Einzelhaft auf
die Dauer durchzuführen? Ich glaube, daß beide Fra=
gen durchaus mit Nein beantwortet werden müssen, und
daß die Durchführung des Isolirsystems in dieser Strenge
zu den Humanitätsprincipien unserer Zeit im crassesten
Gegensatze steht.

Daß die Demoralisation der Gefangenen in den
Zuchthäusern und in den Gefängnissen, wo die Gefan=
genen gemeinschaftlich existiren und gemeinschaftlich ar=
beiten, in dieser Gemeinschaft ihren Grund hat, ist un=
zweifelhaft. Durch die Gemeinschaft mit häufig bestraften
Verbrechern und mit liederlichem Gesindel jeglicher Art
wird ein noch nicht ganz verdorbener Verbrecher, der
vielleicht zum erstenmal gegen das Strafgesetzbuch gesün=
digt hat, nach und nach demoralisirt und endlich gänz=
lich verdorben. Jeder kommt besser in das Zuchthaus,
als er wieder herauskommt. Jeder Criminalrichter weiß
dies; ich habe es während meiner Wirksamkeit als
Untersuchungsrichter alle Tage erfahren. Wer beim
ersten Verhör reuevoll gestand, erhob, nachdem er
einige Tage in Gesellschaft anderer Verbrecher in Un=
tersuchungshaft gewesen war, im zweiten Termin die

ausgesuchtesten Einwendungen, und im dritten Ter=
min leugnete er auf die frechste Weise Alles ab, was er
im ersten zugestanden hatte. Seine Genossen in der
Gefängnißhaft lachten über seine Schaam, verhöhnten ihn
mit seiner Reue, und spotteten jedes edlen Gefühls, das
er in das Gefängniß mitgebracht hatte. Stufenweise
wurde er stündlich, täglich, mehr demoralisirt, und wenn
er sogar mehrere Jahre im Zuchthause zubrachte, kam er
ganz gewiß als ein ganz verstockter Verbrecher und als
ein ganz nichtsnutziger Mensch wieder heraus, um sobald
wie möglich ein neues Verbrechen wieder zu begehen.
Daß also die Demoralisation in der gemeinschaftlichen
Haft der Gefangenen zu suchen ist, steht factisch ganz
fest. Die Beseitigung des Uebels muß in dem Uebel
selbst gesucht werden. Sie ist nur in der Isolirung des
Gefangenen zu finden. Daß man ihn nicht ohne alle
Thätigkeit, ohne alle Beschäftigung einsam einsperren
darf, versteht sich von selbst, ebenso, daß, wenn er aus
seinem versunkenen Zustande aufgerichtet werden soll, dies
durch Unterricht, durch gütigen Zuspruch und durch Er=
weckung seines Ehrgefühls geschehen muß. Die Isoli=
rung braucht aber nur in der Art und Weise stattzufinden,
wie sie unter der früheren Verwaltung des Zellengefäng=
nisses in Berlin unter der Bormannschen Direktion war,
sie braucht nur in dem Aufhören der geistigen Gemein=
schaft unter den Gefangenen zu bestehen, also im Schwei=
gen bei Tage, und in dem einsamen Eingesperrtwerden
während der Nacht.

Alles, was darüber stattfindet, ist eine unnütze Quä=
lerei, die dem Gefangenen angethan wird, ohne daß sie
ihm auf dem Wege der moralischen Besserung weiter
hilft. Kann es z. B. irgendwie mit der Vernunft wie
mit der Humanität übereinstimmen, einen Gefangenen,

der vier Jahre im Zellengefängniß zugebracht hat, und dessen Strafe in drei Monaten zu Ende ist, kann es, sage ich, verantwortet werden, diesen Unglücklichen noch in den letzten Monaten seiner vierjährigen Haft die ganze Strenge des Isolirsystems in ihrer vollständigen Consequenz fühlen zu lassen? Man erwidre mir nicht, bei einem gemeinschaftlichen Arbeiten der Gefangenen kann das Princip des Schweigens unter den Gefangenen nicht mit dieser Consequenz durchgeführt werden, wie, wenn man jeden Gefangenen allein in einer Zelle einsperrt; das ist nicht wahr. Und wenn es wahr wäre, wenn wirklich einer dieser Unglücklichen dem Andern ein Wort zuflüsterte, oder gar eine Mittheilung machte, schadete dies etwas? Kann dies Wort, diese Mittheilung den Gefangenen moralisch verderben, kann es einen Einfluß auf seine Moralität, auf sein Herz haben, oder auf seinen Geist? Unmöglich, dies kann doch nur bei längerer geistiger Mittheilung, bei einer weiteren Conversation, zu der es doch gar nicht kommen kann, geschehen. Und hat der Gefangene nicht während der langen Nacht, die von Abends 7 Uhr bis zum andern Morgen 5 Uhr, also zehn Stunden dauert, Zeit zum Nachdenken genug, wenn ihn vielleicht das gemeinschaftliche Arbeiten vom Nachdenken und von der Selbstbetrachtung abzöge?

Auch unter der vorigen Verwaltung des Zellengefängnisses wurde in den Zellen gearbeitet, und zwar von solchen Arbeitern, die sich wegen der Art ihrer Arbeit nicht zu gemeinschaftlichen Arbeiten qualificirten, z. B. von Webern; aber die Zellen waren sämmtlich geöffnet, es war dem Gefangenen möglich, während seiner Haft in der einsamen Zelle einen Blick hinauszuwerfen, einen Menschen zu sehen; er empfand nicht in jedem Moment, daß er ein Gefangener war. Er lag nicht wie ein Todter

in seinem Sarge, er sah wenigstens, wenn er es auch
nicht hörte, daß er noch unter lebendigen Wesen existirte.
Will vielleicht Jemand behaupten, daß durch diesen Blick
den er aus der Thür seiner Zelle thut, eine geistige Ge=
meinschaft zwischen ihm und seinen Mitgefangenen her=
beigeführt werden könne, oder daß ein anderer Gefange=
ner ihn dadurch demoralisiren könne, daß er in die Zelle
hineinblickt? Das wäre doch lächerlich! Also wozu
eine so strenge Durchführung des Isolirsystems?

Ich kann von dieser strengen Durchführung des Isoli=
rungssystems nur wiederholen: Es ist zwecklos, aber auch
ungerecht; denn es bereitet dem Gefangenen unnütze Qua=
len und hilft ihm auf dem Wege der Besserung nicht
weiter. Ungerecht ist es, oder das Gesetzbuch muß ab=
geändert werden und die Freiheitsstrafen, die auf 5—10
Jahre lauten — denn in dem Zellengefängniß bei
Moabit werden nur bis zu 10 Jahren verurtheilte Ver=
brecher inhaftirt — müssen auf 1—4 Jahre lauten,
weil die Strenge und Härte einer gemeinschaftlichen
Haft zu der einer Isolirhaft, wie sie jetzt dort ge=
handhabt wird, höchstens in diesem Verhältniß steht. —

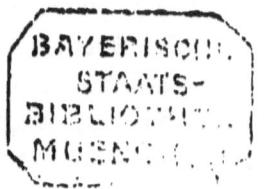

www.ingramcontent.com/pod-product-compliance
Lightning Source LLC
Chambersburg PA
CBHW020924230426
43666CB00008B/1565